"十四五"职业教育国家规划教材配套用书

网络营销实务
学习指导与练习

于家臻　赵　雨　主　编
韩　磊　杨晓黎　叶卫军　副主编

中国财经出版传媒集团
中国财政经济出版社
北京

图书在版编目（CIP）数据

网络营销实务学习指导与练习 / 于家臻，赵雨主编
. -- 北京：中国财政经济出版社，2023. 12
"十四五"职业教育国家规划教材配套用书
ISBN 978 - 7 - 5223 - 2267 - 4

Ⅰ. ①网… Ⅱ. ①于… ②赵… Ⅲ. ①网络营销－职业教育－教材 Ⅳ. ①F713. 365. 2

中国国家版本馆 CIP 数据核字（2023）第 097762 号

责任编辑：张　军　　　　责任印制：张　健
封面设计：卜建辰　　　　责任校对：徐艳丽

网络营销实务学习指导与练习
WANGLUO YINGXIAO SHIWU XUEXI ZHIDAO YU LIANXI

中国财政经济出版社 出版

URL：http：//www. cfeph. cn
E - mail：cfeph@ cfeph. cn

社址：北京市海淀区阜成路甲 28 号　邮政编码：100142
营销中心电话：010 - 88191522
天猫网店：中国财政经济出版社旗舰店
网址：https：//zgczjjcbs. tmall. com
北京中兴印刷有限公司印刷　各地新华书店经销
成品尺寸：185mm × 260mm　16 开　5. 5 印张　127 000 字
2023 年 12 月第 1 版　2023 年 12 月北京第 1 次印刷
定价：18. 00 元
ISBN 978 - 7 - 5223 - 2267 - 4
（图书出现印装问题，本社负责调换，电话：010 - 88190548）
本社质量投诉电话：010 - 88190744
打击盗版举报热线：010 - 88191661　QQ：2242791300

编写说明

《网络营销实务（第二版）》教材于2021年出版以来，得到了全国职业院校财经商贸类专业广大师生的普遍欢迎和好评，每年都多次重印，有效地满足了广大师生的需求；教材于2023年被评为首批“十四五”职业教育国家规划教材。为配合教师教学和学生学习使用教材，帮助广大师生更好地理解与掌握教材内容，我们编写了配套用书《网络营销实务学习指导与练习》。

本书贯彻国家职业教育改革精神，落实立德树人根本任务，体现“能力本位”的职业教育理念，按照教育部《职业教育专业目录（2021年）》和专业教学标准的相关要求，根据《网络营销实务（第三版）》教材的内容组织编写。本书编写中，充分考虑职业院校教师教学的知识逻辑和学生学习的认知规律，将每个项目分为两个部分，第一部分为“学习指导”，用思维导图的方式归纳本项目的知识和技能要点，帮助学生课前从宏观角度快速了解学习内容，方便学生课后从复盘角度凝练归纳学习重点；学习准备能够让学生在学习前充分掌握项目要点，方便自主预习，提高学习效率。第二部分为“同步练习”，基于布鲁姆教育目标分类法设计了基础夯实、技能提升、思考讨论三个环节，基础夯实部分通过单选题、多选题、简答题帮助学生记忆、领会本项目的知识技能点；技能提升部分通过设计基于工作任务的实操题目，让学生在解决实际问题中学会应用分析；思考讨论部分可以让学生将所学的零散知识整合为系统知识，锻炼学生的创造能力、思辨能力等高阶思维；三个环节的设计从易到难、从零到整，层层递进，能够有效培养学生运用所学知识解决实际问题的能力。

本书由于家臻、赵雨担任主编，韩磊、杨晓黎、叶卫军担任副主编。编写团队成员及分工如下：于家臻编写项目一、项目四；赵雨编写项目四、项目六；韩磊编写项目一、项目九；王晓钧、孙秀宝编写项目二；杨晓黎编写项目三、项目五；叶卫军编写项目七、项目八。全书由赵雨负责统稿，于家臻总纂并定稿。

本书为用书学校任课老师提供了答案，如有需要请以电子邮件形式向中国财政经济出版社索取（请注明：学校、全书名、版次），Email：caijingjiaocai@163.com。

尽管我们在编写过程中力求准确、完善，但限于阅历和水平，书中难免有疏漏之处，恳请各位专家和广大读者批评指正！

编者

2023年12月1日

目　录

项目一

网络营销概述

第一部分　学习指导

一、知识归纳

- 认识网络营销
  - 网络营销的含义
    - 1.企业整体战略的组成部分：网络营销与传统市场营销并存，两者同时在营销实践中得到应用与发展
    - 2.网络营销不是网上销售：网络营销贯穿于企业进行网上经营的整个过程
    - 3.网络营销不等于电子商务：网络营销通过开展网络营销活动来促进商品交易、提升企业的品牌价值、加强与顾客的沟通及改善对顾客的服务等
    - 4.网络营销不只是建立企业网站：建立网站只是企业开始进行网络营销的第一步
  - 实训任务分解
    - 1.区分传统营销和网络营销
      - a.营销媒体不同：利用互联网媒体开展营销活动
      - b.消费者的体验不同：网络营销比传统营销更灵活、更能吸引消费者
      - c.沟通方式和渠道不同：企业可以随时随地和消费者进行沟通
    - 2.分析网络营销的特点
      - a.跨时空：企业全天候地向世界各地的消费者提供产品和服务
      - b.多媒体：可以提高网络营销对顾客的影响力
      - c.成长性：越来越多的企业开始尝试通过网络开展营销活动
      - d.整合性：企业以统一的传播资讯向消费者传达信息，满足消费者的需求
      - e.技术性：企业必须有相应的技术投入和技术支持，还需要拥有复合型人才
    - 3.了解网络营销的方式
      - a.自媒体图文营销：以图文结合的形式编辑营销内容，并将内容传递给客户
      - b.搜索引擎营销：人们检索信息时将信息传递给目标用户
      - c.社群营销：利用知乎、微博、QQ群等开展营销活动
      - d.视频营销：通过视频网络平台，以视频内容为核心，实现产品营销与品牌传播的目的
      - e.基于大数据的精准营销：充分利用各种新媒体，将营销信息推送到精确的受众群体

- 了解网络营销相关术语
  - 认识搜索引擎
    - 根据一定的策略，运用特定的计算机程序从互联网上采集信息，在对信息进行组织和处理后，将检索的相关信息展示给用户的系统
  - 认识微营销
    - 通过企业营销策划、品牌策划、运营策划、销售方法与策略，注重每一个细节的实现，引导可以满足需求的商品和服务从生产商流向顾客以实现组织目标的活动
  - 认识富媒体
    - 具有动画、声音、视频或多媒体交互性的信息传播方法
  - 认识超文本5.0营销
    - 在H5场景下开展的营销活动

- 认识网络营销岗位
  - 网络营销岗位设置和职责
    - 1.网络营销主管：进行企业宣传、产品展示、动态发布、客户维护、加盟商谈
    - 2.网络营销策划专员：为了达成特定的网络营销目标，进行策略思考和方案规划
    - 3.网络市场调研员：通过在线调查表或电子邮件等方式，完成网上市场调研
    - 4.SEO专员通过SEO优化使网站的排名和流量都得到提升
    - 5.网站推广专员：利用网络营销的方法扩大站点的知名度，吸引用户的访问，宣传企业和企业产品
    - 6.网络销售专员通过提高网站综合排名和访问，吸引客户通过网络咨询和购买企业产品
    - 7.在线客户服务专员：利用FAQ向顾客提供产品、公司等信息，运用E-mail与顾客双向互动
  - 实训任务：了解网络营销岗位的任职要求
    - 1.认同企业的经营理念
    - 2.具备深厚的专业知识储备
    - 3.具有良好的学习和创新能力
    - 4.持有正面的价值观
    - 5.具备团队协作意识和人际沟通能力

- 遵守网络营销职业道德与法律法规
  - 网络营销中的道德问题
    - 1.侵犯隐私权：非法获取消费者信息，非法公开或使用消费者信息，垃圾邮件泛滥
    - 2.信息欺诈：虚假交易，骗取贷款；以次充好，以假充真
    - 3.信息污染：发布虚假信息，发布内容与形式不健康甚至违法的信息
    - 4.信息安全：防止企业及公众信息受到病毒和黑客的攻击
  - 加强企业和网络营销从业人员的道德素养
    - 1.企业要端正经营思想，树立社会营销观念
    - 2.企业领导者要不断提高自身素质，成为坚守网络营销道德的表率
    - 3.促进网络营销道德和企业文化的结合
    - 4.建立网络营销道德规章制度
  - 实训任务分解
    - 了解网络营销法律法规
      - 1.《互联网广告管理暂行办法》
      - 2.《中华人民共和国电子商务法》
    - 了解与网络营销方面有关的法律权利
      - 1.著作权
      - 2.网络隐私权

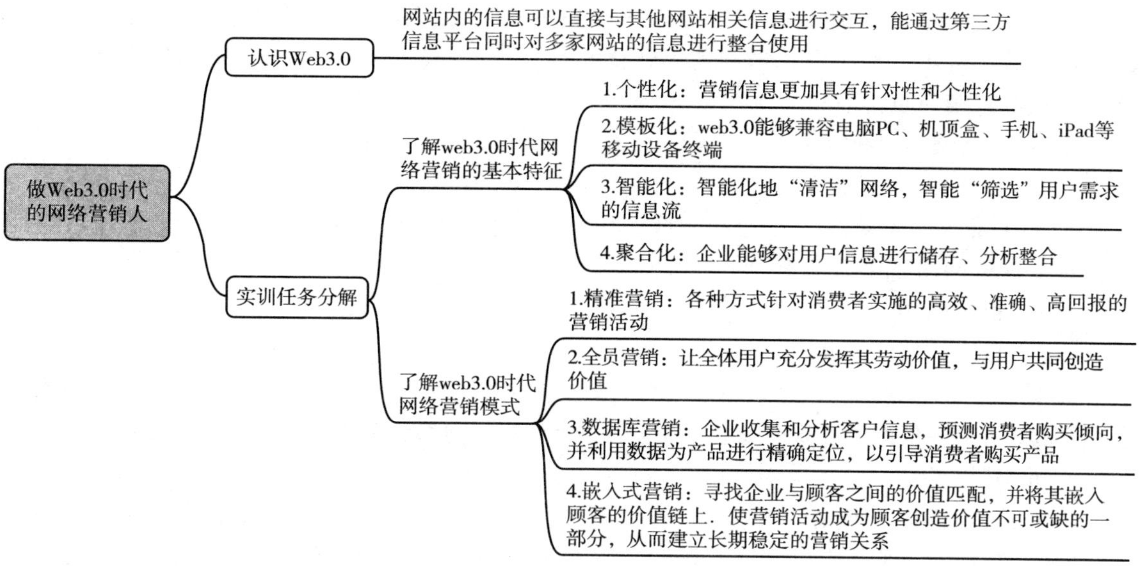

二、重点难点

重点：

- 网络营销的特点和方式
- 网络营销从业人员应遵守的职业道德和法律法规

难点：

- 根据市场情况选择恰当的网络营销方式
- 预判网络交易风险，并防范和化解各类市场风险

三、学习准备

在学习本项目之前，学习者应做好如下准备：

1. 注册社交媒体账号，包括常用的电子邮箱、QQ、微信、小红书、抖音等社交媒体平台。

2. 登录中华人民共和国商务部网站，了解我国近年网络营销行业的发展情况，查阅颁布的电子商务行业法律法规。

第二部分　同步练习

一、基础夯实

（一）单选题

1. 网络营销使消费者足不出户就能挑选、购买自己所需的商品和服务，且支付手段简便安全。这体现的传统营销与网络营销的主要区别是（　　）。

A. 营销媒体不同　　B. 消费者体验不同

C. 沟通方式不同　　D. 渠道不同

2. 空刻，国内“方便意面”品类开创者，基于从线上到线下的资源整合和对内容创意的丰富经验，打出一套广告营销和销售转化的组合拳，满足消费者需求，实现品效合一。这体现的网络营销特点是（　　）。

A. 多媒体　　B. 成长性

C. 整合性　　D. 技术性

3. 蕉下推出“惊蛰令”创意短视频，借助轻量化全地形户外鞋，赋予全地形鞋以全地形精神。这种网络营销方式是（　　）。

A. 视频营销　　B. 社群营销

C. 自媒体图文营销　　D. 基于大数据的精准营销

4. 阿那亚发展到现在，越来越多社群进入“失控”状态，业主们根据共同兴趣爱好自发组合在一起，开展轮值群主、线下聚会、线上分享等活动。阿那亚采用的网络营销方式是（　　）。

A. 视频营销　　B. 社群营销

C. 自媒体图文营销　　D. 基于大数据的精准营销

5. 工作于互联网上的一门检索技术，旨在提高人们获取搜集信息的速度，为人们提供更好的网络使用环境的是（　　）。

A. 搜索引擎　　B. 微营销

C. 富媒体　　D. 超文本 5.0 营销

6. 消费者通过网络直接与生产企业发生联系并提出满足其个性化的需求，企业根据消费者个性化需求“量身定做”设计产品。这体现的是（　　）。

A. 搜索引擎　　B. 微营销

C. 富媒体　　D. 超文本 5.0 营销

7. 李铭在电商公司负责观测分析市场动态，策划并制定有效的网络营销策略。李铭从事的网络营销岗位是（　　）。

A. 网络营销策划专员　　B. SEO 专员

C. 网站推广专员　　D. 网络营销主管

8. 林琳在工作过程中，要进行推广效果分析，调整并优化推广方案，她从事的网络营销岗位是（　　）。

A. 网站推广专员　　B. 网络营销策划专员

C. 网络营销主管　　D. SEO 专员

9. 旺旺集团在经营过程中，能够做到对社会承担责任，热心公益事业，消费者集体“圈粉”，体现的网络营销岗位的任职要求是（　　）。

A. 认同企业的经营理念　　B. 具备深厚的专业知识储备

C. 持有正面的价值观　　D. 具有良好的学习和创新能力

10. 企业开展管理活动时应该遵循的核心思想是（　　）。

A. 认同企业的经营理念　　B. 具备深厚的专业知识储备

C. 具有良好的学习和创新能力　　D. 持有正面的价值观

11. 互联网的虚拟性使网络消费者很难判别商业信息的真假，这就为一些营销者发布违反道德的商业信息提供了机会。这种网络营销的道德问题属于（　　）。

A. 侵犯隐私权　　B. 信息欺诈

C. 信息污染　　D. 信息安全

12.《中华人民共和国电子商务法》施行日期是（　　）。

A. 2016 年 9 月 1 日　　B. 2017 年 8 月 31 日

C. 2018 年 8 月 31 日　　D. 2019 年 1 月 1 日

13. 未经作者或者其他权利人许可而以任何形式（包括数字形式）复制、出版、发行、改编、翻译、广播、表演、演出、摄制影片等，均构成对（　　）的直接侵犯。

A. 网络隐私权　　B. 人身权

C. 著作权　　D. 肖像权

14. 未经授权进入他人系统搜集、复制资料，篡改他人的私人信息，属于（　　）。

A. 非法散布他人隐私　　B. 窃取他人隐私

C. 网络监视及窃听　　D. 发布虚假消息

15. 企业的网站能够对信息进行聚合和转移，也可以对用户的浏览记录进行储存，并对数据进行分析整合，体现的 Web3.0 时代网络营销的基本特征是（　　）。

A. 个性化　　B. 模板化

C. 智能化　　D. 聚合化

16. 基于顾客价值链的新型产业营销方式是（　　）。

A. 精准营销　　B. 嵌入式营销

C. 全员营销　　D. 数据库营销

17. 在 Web3.0 时代，网络营销最大的特点是（　　）。

A. 精准营销　　B. 嵌入式营销

C. 全员营销　　D. 数据库营销

（二）多选题

1. 知味葡萄酒通过结构化获取的用户信息对他们进行分类，并按照话题不同的社群将用户组成若干小组，精准定向地向用户发送其感兴趣的产品信息。知味葡萄酒采用的网络营销方式有（　　）。

A. 搜索引擎营销　　B. 社群营销

C. 视频营销　　D. 基于大数据的精准营销

2. 传统营销和网络营销的主要区别体现在（　　）。

A. 营销媒体不同　　B. 消费者的体验不同

C. 沟通方式不同　　D. 渠道不同

3. 互联网的某些特性使网络营销呈现出的特点包括（　　）。

A. 跨时空　　B. 多媒体

C. 成长性　　D. 技术性

4. 搜索引擎营销主要方式有（　　）。

A. 竞价排名　　B. 关键词广告

C. 搜索引擎优化　　D. 大数据分析

5. 互联网时代带来了新类型的数据，包括下列选项中的（　　）。

A. 使用网站的数据　　B. 地理位置的数据

C. 邮件数据　　D. 社交媒体数据

6. 关于嵌入式营销，下列说法正确的有（　　）。
   A. 一种基于顾客价值链的新型产业营销方式
   B. 作为一种产业营销的新思维，体现了顾客满意、竞争导向和关系营销理念
   C. 超越现有竞争空间，为顾客提供价值链增值服务，以达成稳固营销关系的观念
   D. 综合考虑顾客需求和竞争对手的行动，寻找企业资源能力和顾客盈利模式之间独特的价值匹配，并将其嵌入到顾客的价值链上
7. 下列选项中，属于 SEO 专员主要从事的工作有（　　）。
   A. 负责网站长尾词挖掘
   B. 定期跟踪竞争对手的网站，并制订一个可执行的网站优化方案
   C. 及时与技术部门沟通，并反馈 SEO 修改的情况
   D. 通过多种网络工具发布商务信息
8. 违反道德的网络欺诈行为主要表现在（　　）。
   A. 虚假交易，骗取货款　　B. 以次充好，以假充真
   C. 发布虚假信息　　D. 发布不健康甚至违法的信息
9. 信息污染这方面的问题主要有（　　）。
   A. 虚假交易，骗取货款　　B. 以次充好，以假充真
   C. 发布虚假信息　　D. 发布不健康甚至违法的信息
10. 网络营销中的侵犯隐私权问题可以细化为哪几个方面？（　　）
   A. 信息欺诈　　B. 非法公开或使用消费者信息
   C. 垃圾邮件泛滥　　D. 非法获取消费者信息
11. 网络营销岗位的任职要求包括（　　）。
   A. 认同企业的经营理念　　B. 具备深厚的专业知识储备
   C. 持有正面的价值观　　D. 具备团队协作意识和人际沟通能力
12. 企业应从哪几方面加强网络营销从业人员道德素养的培养？（　　）
   A. 企业要端正经营思想
   B. 企业领导者要不断提高自身素质，成为坚守网络营销道德的表率
   C. 促进网络营销道德和企业文化的结合
   D. 建立网络营销道德规章制度
13. 下列选项中，属于互联网广告活动中不当行为的有（　　）。
   A. 提供或者利用应用程序、硬件等对他人正当经营的广告采取拦截、过滤、覆盖、快进等限制措施
   B. 利用网络通路、网络设备、应用程序等破坏正常广告数据传输，篡改或者遮挡他人正当经营的广告，擅自加载广告
   C. 推销商品或者服务的商业性展示中的广告，法律、法规和规章规定经营者应当向消费者提供的信息的展示依照其规定
   D. 利用虚假的统计数据、传播效果或者互联网媒介价值，诱导错误报价，谋取不正当利益或者损害他人利益
14. 在网络营销中，经常会涉及的法律权利主要有（　　）。

A. 荣誉权　　B. 著作权
C. 网络隐私权　　D. 名誉权

15. 网络隐私权主要表现在（　　）。
A. 非法散布他人隐私　　B. 非法公开或使用消费者信息
C. 窃取他人隐私　　D. 网络监视及窃听

16. 在线客户服务专员主要从事的工作有（　　）。
A. 负责网上单证的业务处理　　B. 按时完成销售任务及分析
C. 制定网站客户的服务流程　　D. 处理各种表单及反馈信息

17. Web3.0 时代网络营销的基本特征包括（　　）。
A. 个性化　　B. 模板化
C. 智能化　　D. 技术性

18. 关于微营销，下列说法正确的有（　　）。
A. 通过企业营销策划、品牌策划、运营策划、销售方法与策略，注重每一个细节的实现
B. 具有动画、声音、视频或多媒体交互性的信息传播方法
C. 微营销不是微信营销，微信营销是一种营销工具，是实现微营销的一种方式
D. 引导可以满足需求的商品和服务从生产商向顾客以实现组织目标的活动

19. Web3.0 时代网络营销模式包括（　　）。
A. 精准营销　　B. 全员营销
C. 数据库营销　　D. 嵌入式营销

20. 主要的数据库营销手段有（　　）。
A. 定向直邮　　B. 电子邮件营销
C. 网络传真营销　　D. 短消息服务

（三）简答题

1. 网络营销有什么特点？

2. 网络营销的方式有哪些？

3. 企业网络营销运营通常设置哪些岗位?

4. SEO专员主要从事哪些工作?

5. Web3.0时代网络营销模式有哪些?

二、技能提升

1. 如何区分传统营销和网络营销?

2. 企业应如何加强网络营销从业人员道德素养的培养?

3. 如何胜任网络营销岗位?

4. 网络营销中存在哪些道德问题？

5. 哪些情形适用我国《电子商务法》？

三、思考讨论

1. 假如你在网上销售自家生产的橙子，你是否属于电子商务经营者？是否需要依法办理市场主体登记？为什么？

2. 如果你是网络营销主管，你希望团队成员具备怎样的职业素养？

项 目 二

网络消费者行为分析

第一部分　学习指导

一、知识归纳

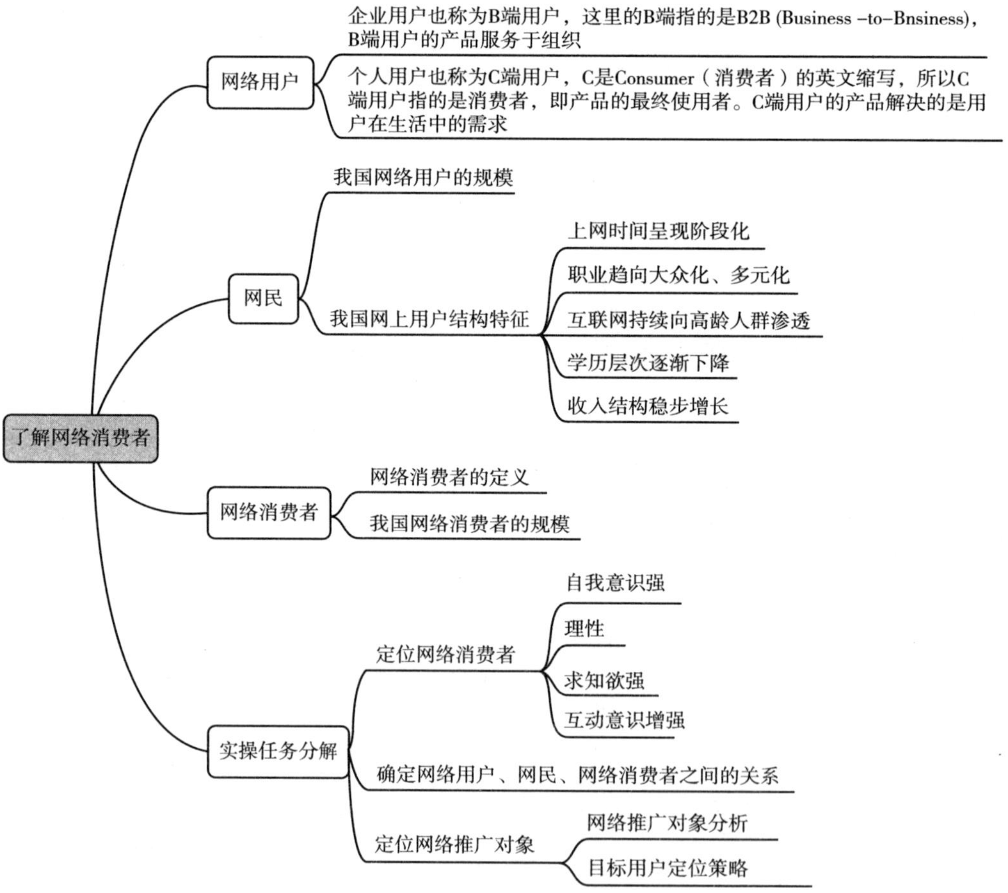

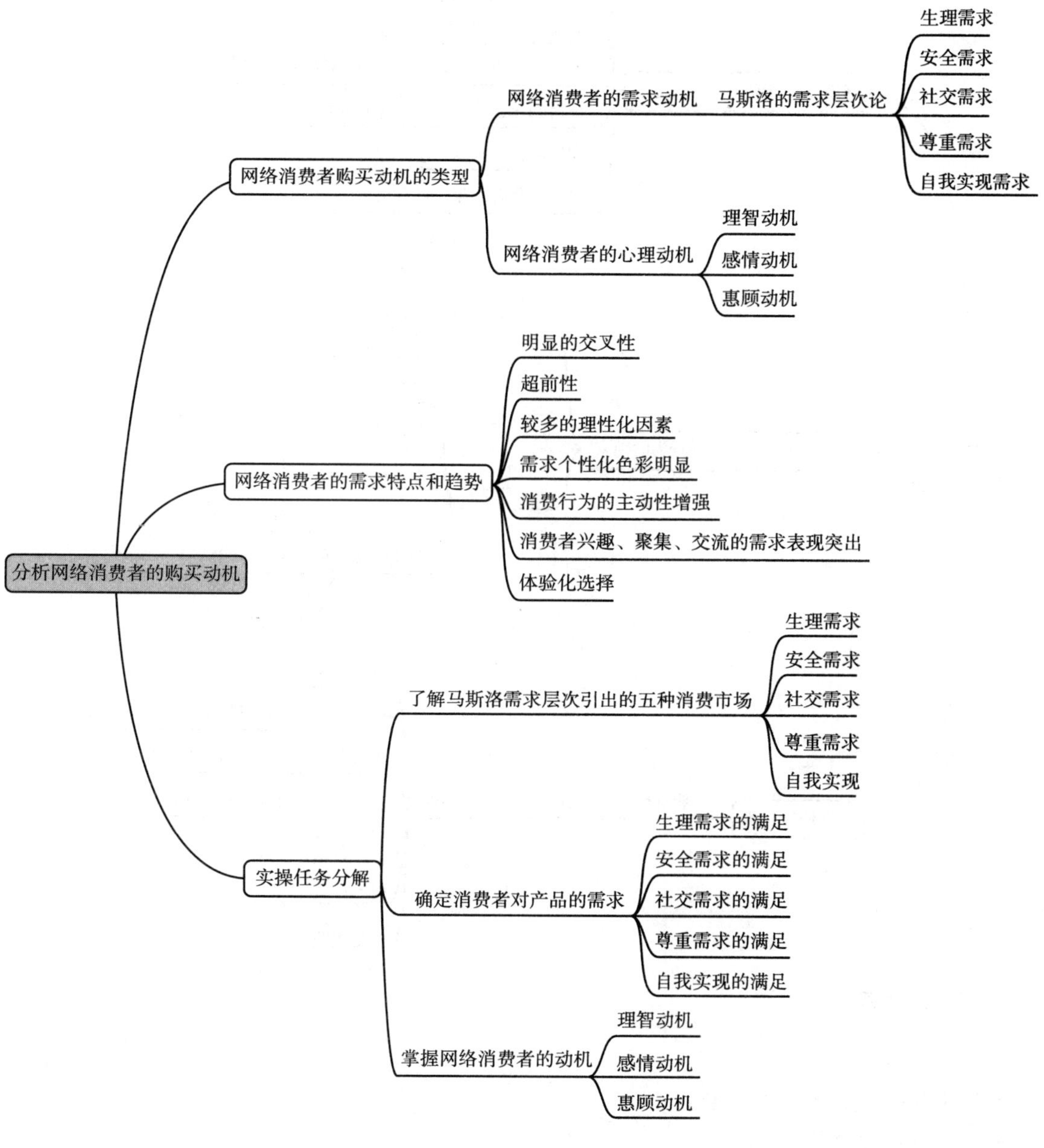
分析网络消费者的购买动机
网络消费者购买动机的类型
网络消费者的需求动机
马斯洛的需求层次论
生理需求
安全需求
社交需求
尊重需求
自我实现需求
网络消费者的心理动机
理智动机
感情动机
惠顾动机
网络消费者的需求特点和趋势
明显的交叉性
超前性
较多的理性化因素
需求个性化色彩明显
消费行为的主动性增强
消费者兴趣、聚集、交流的需求表现突出
体验化选择
实操任务分解
了解马斯洛需求层次引出的五种消费市场
生理需求
安全需求
社交需求
尊重需求
自我实现
确定消费者对产品的需求
生理需求的满足
安全需求的满足
社交需求的满足
尊重需求的满足
自我实现的满足
掌握网络消费者的动机
理智动机
感情动机
惠顾动机

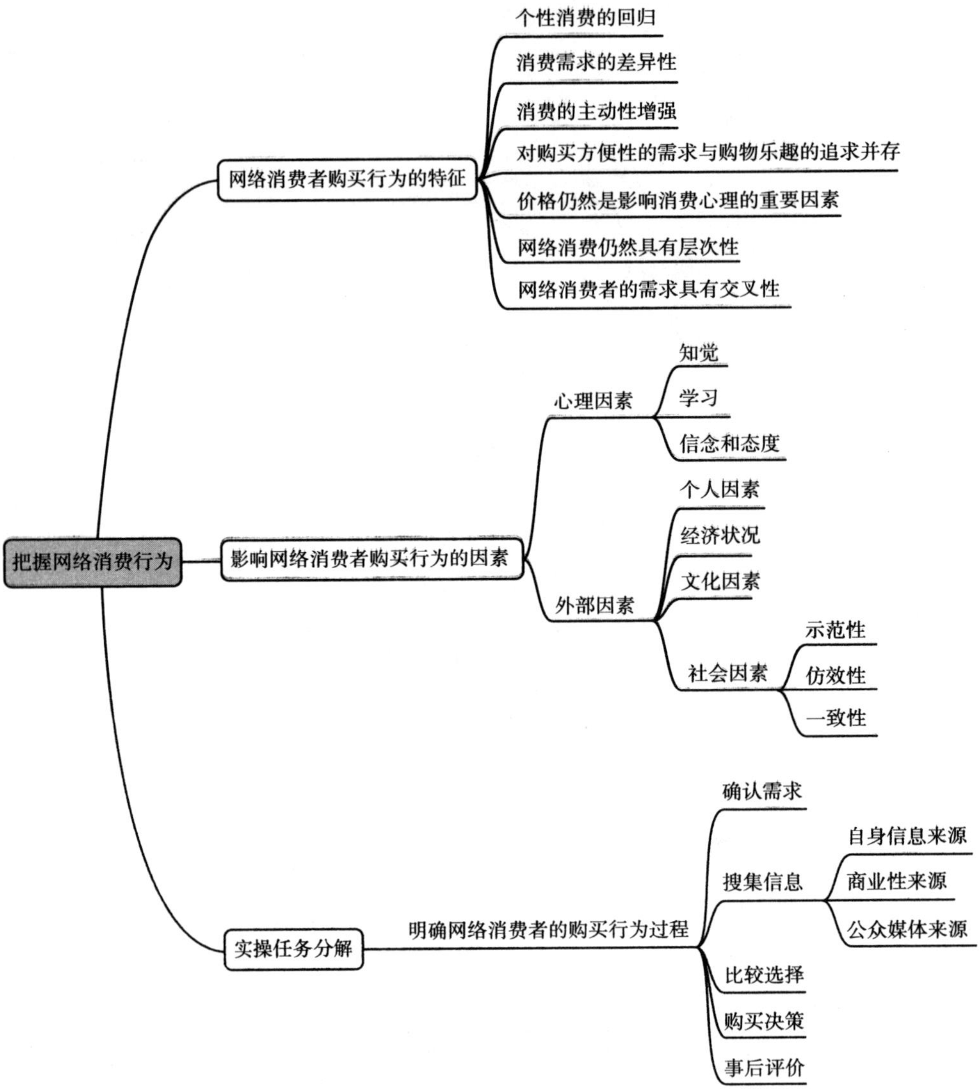

二、重点难点

重点：

- 掌握引导消费者基本策略
- 定位消费者身份
- 对网络消费者的需求新特征进行描述

难点：

- 网络消费者购买行为不同阶段的行为特征
- 影响网络消费者购买决策的主要因素

三、学习准备

在项目二“网络消费者行为分析”学习前，学习者应做好如下准备：

1. 对我国网民的相关基本情况在网络上进行提前学习，了解其现状及发展趋势；
2. 提前了解马斯洛的需求层次论；
3. 以小组的形式开展网络消费的讨论与调查，了解同学们网络消费的基本情况。

第二部分　同步练习

一、基础夯实

（一）单选题

1. 网络用户中企业用户端称为（　　）。

A. A端　　B. B端

C. C端　　D. D端

2. 需要层次理论的代表人物是美国心理学家（　　）。

A. 马斯洛　　B. 维纳

C. 阿特金斯　　D. 斯金纳

3. 为中华崛起而读书，体现了（　　）的需要。

A. 生理需求　　B. 安全需求

C. 尊重的需求　　D. 自我实现需求

4. 以下哪项不是网络消费者的心理动机？（　　）

A. 理智动机　　B. 感情动机

C. 猎奇动机　　D. 惠顾动机

5. 根据美国人本主义心理学家马斯洛将人类需要按低级到高级的顺序划分，人类最高级需要的是（　　）

A. 尊重需求　　B. 安全需求

C. 社交需求　　D. 自我实现需求

6. 由于人的情绪和感情所引起的购买动机称之为（　　）。

A. 生理动机　　B. 感情动机

C. 心情动机　　D. 情商动机

7. 消费者对自己购买商品的价格、特点、性能和使用方法都能做到心中有数，这样的购买动机称之为（　　）

A. 理智动机　　B. 感性动机

C. 性能动机　　D. 性价比动机

8. 消费者在购买衣服的时候通常会注重“衣服面料的成分”，这是出于消费者对产品的什么需求？（　　）

A. 情感需求　　B. 安全需求

C. 生理需求　　D. 实用需求

9. 消费者在购买商品时，往往会关注“产品对于交际的影响”，这是出于消费者对产品的什么需求？（　　）

A. 情感与归属需求
B. 生理需求
C. 安全需求
D. 以上都不是

10. 消费者在购买商品时，往往会关注“获得别人的认可”，这是出于消费者对产品的什么需求？（　　）

A. 消费需求
B. 情感需求
C. 尊重需求
D. 求知需求

11. 消费者在购买商品时，往往会在意商品的“品牌文化是否与他的精神达成共识”，这是出于消费者对产品的什么需求？（　　）

A. 消费需求
B. 情感需求
C. 尊重需求
D. 自我实现需求

12. 以下哪种行为是消费者需求差异性的体现？（　　）

A. 喜欢随大流购买商品
B. 喜欢购买与众不同的商品
C. 喜欢购买打折的商品
D. 以上都不是

13. 以下选项，哪个不属于消费资料的层次内容？（　　）

A. 生存资料
B. 发展资料
C. 享受资料
D. 价格资料

14. 以下内容，哪个是消费者消费主动性增强的表现？（　　）

A. 不关注价格的变化
B. 喜欢浏览购物网站上的内容
C. 愿意下班后购买商品
D. 喜欢在会员日购买商品

15. 以下选项，哪个不是影响消费者购买行为的心理因素？（　　）

A. 知觉
B. 学习
C. 信念和态度
D. 感觉

16. 消费者在购买过程和使用过程中逐步获得和积累的经验，并根据经验调整购买行为的过程，称之为（　　）。

A. 积累
B. 学习
C. 考核
D. 信念

17. 以下选项，哪个不是影响消费者购买行为的外部因素？（　　）

A. 个人因素
B. 经济状况
C. 文化因素
D. 环境因素

18. 以下选项，哪个不是相关群体对消费者行为影响的表现？（　　）

A. 示范性
B. 专一性
C. 效仿性
D. 一致性

（二）多选题

1. 影响消费者购买行为的外部因素有（　　）。

A. 个人因素
B. 经济状况
C. 文化因素
D. 社会因素

2. 相关群体对消费者行为影响的表现有（　　）。

A. 示范性
B. 专一性

C. 效仿性　　D. 一致性

3. 属于消费资料层次的有（　　）。

A. 生存资料　　B. 发展资料

C. 享受资料　　D. 价格资料

4. 马斯洛的需求层次论包括（　　）。

A. 生理需求　　B. 安全需求

C. 社交需求　　D. 尊重需求

E. 自我实现需求

5. 网络消费者的心理动机有（　　）。

A. 理智动机　　B. 感情动机

C. 惠顾动机　　D. 自我实现动机

6. 网络消费者的基本特征有（　　）。

A. 自我意识强　　B. 理性

C. 求知欲望　　D. 互动意识

7. 确定目标用户定位需具备的条件有（　　）。

A. 相同的消费属性　　B. 具备一定的规模

C. 具有一定的收入　　D. 性别比例适中

8. 影响消费者购买行为的心理因素有（　　）。

A. 知觉　　B. 态度

C. 学习　　D. 信念

9. 消费者获得信息的主要来源有（　　）。

A. 自身信息的来源　　B. 商业性来源

C. 公众媒体来源　　D. 购物经验来源

10. 网络消费者购买决策的特点有（　　）。

A. 理智动机占的比重比较大　　B. 受外界影响比较小

C. 决策行为速度更快　　D. 比较看重商品质量与服务

11. 某可乐公司经常根据年轻人的消费特点，在网上进行“促销”活动，这是基于消费者购买行为的哪些特点？（　　）

A. 价格因素　　B. 消费者购买的主动性

C. 个性的消费理念　　D. 需求的差异性

（三）简答题

1. 网络消费者的基本特征是什么？

2. 网络推广对象分析都包括哪些内容?

3. 马斯洛的需求层次论都包括哪些内容?

4. 网络消费者的心理动机主要体现在哪几个方面?

5. 网络消费者的新需求特点和趋势是什么?

二、技能提升

1. 马斯洛的需求层次理论是什么?简要说明相对应的五种消费市场。

2. 简要说明一下网络用户、网民、网络消费者之间的关系。

3. 网络消费者搜集信息的渠道有哪些？请展开说明。

4. 影响消费者购买行为的因素有哪些？

三、思考讨论

1. 网络消费者购买动机的类型有哪些？你认为哪一些对自己的影响最大？

2. 结合某购物网站，你认为消费者的购买动机还有哪些？

3. 你对于网络消费者的购买行为中层次性的说法有什么见解？

项目三

网络营销市场调研

第一部分　学习指导

一、知识归纳

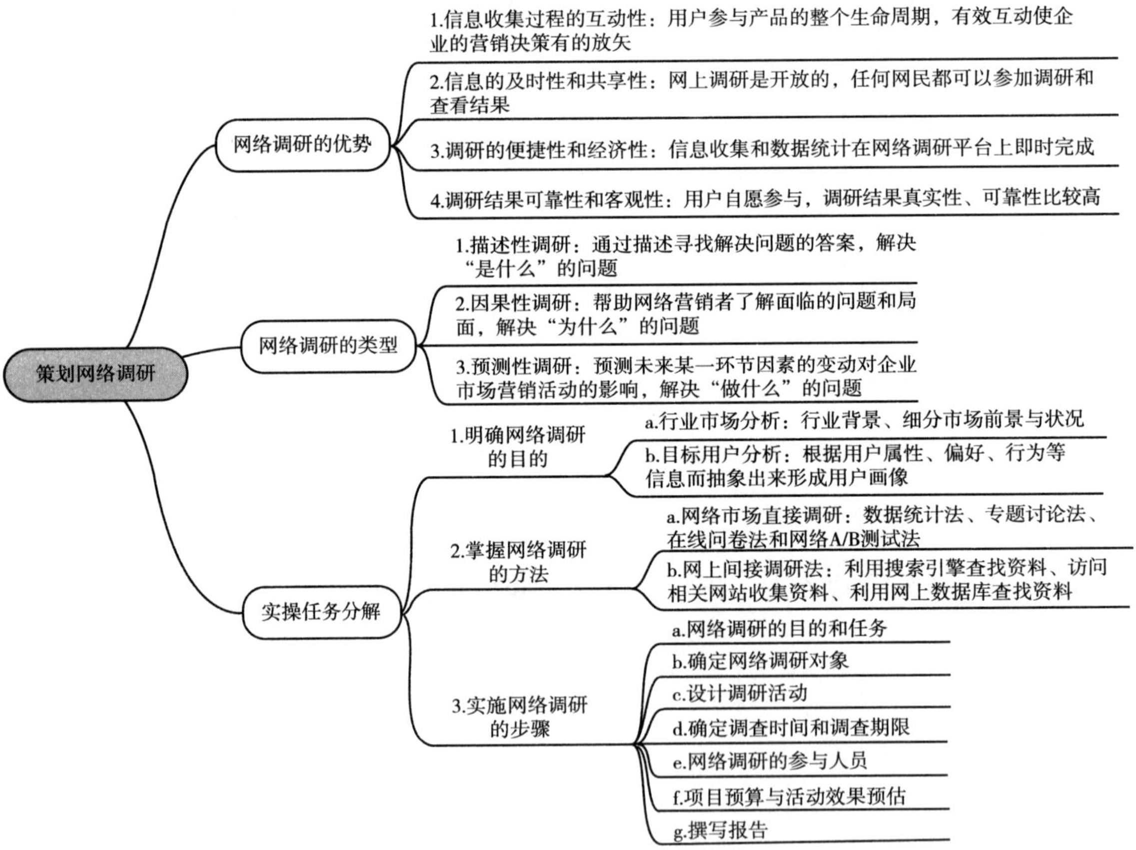

- 管理网络商务信息
  - 网络商务信息搜集的要求
    - 1.及时：提高时效性是网络商务信息收集的主要目标之一
    - 2.准确：真实地反映客观现实，失真度小
    - 3.适度：提供信息要有针对性和目的性，不要信息过多过滥
    - 4.经济：如何以最低的费用获得必要的信息
  - 网络商务信息类型
    - 1.类型：文字、数据、表格、图形、影像、声音以及内容等能够被人或计算机察知的符号系统
    - 2.网络商务信息收集系统：先进的网络检索设备、科学的信息收集方法和业务精通的网络信息检索员
  - 实操任务分解
    - 1.认知网络商务信息
      - a.网络市场信息：网络市场活动的相关信息
      - b.数据信息：数值型数据信息和图文型数据信息
    - 2.网络商务信息搜集的途径与方法
      - a.市场信息搜集的途径与方法：网络调研问卷、官方机构网站、第三方咨询平台网站、社交媒体网站
      - b.数据信息搜集的途径与方法：利用Web日志、使用平台统计工具
    - 3.统计网络商务信息
      - a.搜索："找信息"，使用各种搜索渠道快速找到所需的精准信息
      - b.集成："存信息"，把找到的信息，定制成为个人资料库，按照自定义的主题进行分类存储
      - c.整理："整理信息"，对所集成的信息进行整理，如归类、去重、留精、加可供搜索的标签等，能够显著提升信息搜索效率

- 网络目标市场
  - 市场细分
    - 1.市场细分种类：地理细分、人口细分、心理细分、行为细分、社会文化细分、使用者行为细分
    - 2.有效市场细分特征：市场细分形成若干个消费群，每一个细分市场都是具有类似需求倾向的消费者构成的群体
  - 利基市场
    - 1.定义：指在较大的细分市场中具有相似兴趣或需求的一小群顾客所占有的市场空间
    - 2.特点：存活于大公司的缝隙之间，大公司经常忽略或者无法进入的市场
  - 实操任务分解
    - 1.细分网络市场
      - a.地理细分市场：地理位置、城镇大小、地形和气候
      - b.人口统计细分市场：女性市场、Z世代用户市场、新中产市场
      - c.心理细分市场：包括个性、价值观、生活方式、兴趣及观念等
      - d.行为细分市场：购买或使用某种商品的时间、购买数量、购买频率、对品牌的忠诚度等
    - 2.分析网络目标用户
      - a.购物社交化：兴趣圈子对消费者购买行为产生了极为可观的影响力
      - b.注重体验：商家通常在用户、场景和营销上重新定义，抓住购物流程的每一个细节
      - c.商品综合信息比较：比价行为、比质行为，关注购物时间
      - d.绿色消费理念提升：趋于理性消费，注重网购消费结构健康化，避免浪费
      - e.共享理念提升：通过共享使商品使用价值最大化
    - 3.分析竞争对手
      - a.区分竞争对手：行业翘楚、实力相当的竞争对手、实力比自己略差、行业小企业、行业新秀
      - b.研究竞争对手：访问竞争对手的网站、竞争对手在社会化媒体的表现、去竞争对手的网站进行用户体验度检测

二、重点难点

重点：

- 网络调研的整体思路及方法
- 开展网络调研的步骤
- 网络商务信息搜集的途径与方法
- 网络市场细分方法

难点：

- 网络调研方案策划
- 根据网络调研信息分析网络市场
- 如何差异化目标市场定位中做到守正创新

三、学习准备

在项目三“网络营销市场调研”学习前，学习者应做好如下准备：

1. 提前了解问卷星、问卷网等网络调研平台，掌握如何设计调研问卷问题、不同类型题目的平台操作办法、如何推送网络调研问卷、如何查看在线问卷报告。

2. 提前阅读中国互联网发展状况统计报告，了解网民规模及结构状况、互联网应用发展状况、互联网安全状况等内容。

3. 百度指数是以百度海量网民行为数据为基础的数据分享平台。登录百度指数，分析一下你在这里可以获取哪些商务信息。

第二部分　同步练习

一、基础夯实

（一）单选题

1. 同传统市场调研相比，以下不是网络调研特点的是（　　）。

A. 信息收集过程的互动性　　B. 信息的及时性和共享性

C. 调研的便捷性和经济性　　D. 调研结果的不准确性

2. 根据调研的目的和功能可以分为描述性调研、因果性调研和预测性调研，以下是描述性调研的是（　　）。

A. 这一网站的网络会员特征有哪些、购买这一产品的网络消费者收入情况如何

B. 增加门户网站的广告费用，却发现产品的销售额没有增加

C. 网络消费者对某种产品的需求量变化趋势调研，网络广告能否增加产品的销售额？如果能，增加多少

D. 一个天猫网店是否要采用直通车推广

3. 根据调研的目的和功能可以分为描述性调研、因果性调研和预测性调研，以下是因果性调研的是（　　）。

A. 这一网站的网络会员特征有哪些，购买这一产品的网络消费者收入情况如何

B. 增加门户网站的广告费用，却发现产品的销售额没有增加

C. 网络消费者对某种产品的需求量变化趋势调研，网络广告能否增加产品的销售额？如果能，增加多少

D. 一个天猫网店是否要采用直通车推广

4. 根据调研的目的和功能可以分为描述性调研、因果性调研和预测性调研，以下是预测性调研的是（　　）。

A. 这一网站的网络会员特征有哪些，购买这一产品的网络消费者收入情况如何

B. 增加门户网站的广告费用，却发现产品的销售额没有增加

C. 网络消费者对某种产品的需求量变化趋势调研，网络广告能否增加产品的销售额？如果能，增加多少

D. 一个天猫网店是否要采用直通车推广

5. 以下对用户画像描述不正确的是（　　）。

A. 是一个原型

B. 是一个分析、研究用户的工具

C. 是在用户研究过程中产生的行为数据基础上形成的综合原型

D. 是一个真实的人

6. 在搜集网络商务信息时，以下描述不正确的是（　　）。

A. 信息要有很明显的时效性　　B. 信息在传递的过程存在失真

C. 信息量越多越好　　D. 收集信息要考虑经济性

7. 以下不属于数据信息的是（　　）。

A. 访客数　　B. 浏览量

C. 粉丝数　　D. 社会化媒体矩阵

8. 图文型数据信息是由文字和图片等形式构成，这些图文型数据信息通常以比较形象化的图形、图表、曲线等形式表示，不属于图文型信息的是（　　）。

A. 网站栏目分类　　B. 账户粉丝分类

C. 微信公众号自定义菜单归类　　D. 人均浏览量

9. 以下在使用网络问卷时错误的是（　　）。

A. 网络调研问卷一般针对的是客户/消费者等个体

B. 问卷主要用于统计大量用户信息，回答没有对错之分

C. 问卷一般采用实名的方式

D. 网络调研问卷填写一般会限定填写周期

10. 以下对市场细分理解错误的是（　　）。

A. 一产品的市场整体划分为若干个具有相似特征的市场

B. 市场细分的结果就是形成若干个消费群

C. 市场细分就是把一个大市场平分成若干个小市场

D. 每一个细分市场都是具有类似需求倾向的消费者构成的群体

11. 以下对利基市场理解错误的是（　　）。

A. 利基市场是指在较大的细分市场中具有相似兴趣或需求的一小群顾客所占有的

市场空间

B. 利基市场存活于大公司的缝隙之间

C. 大多数成功的创业型企业一开始并不在大市场开展业务，而是通过识别较大市场中新兴的或未被发现的利基市场而发展业务。

D. 利基市场就是能够产生最大利润的市场

12. 以下不属于新中产市场的是（　　）。

A. 收入水平提高、消费升级，成为消费大军中的重要一员

B. 消费理念从“满足自身情感需求的消费”转变为“越便宜越好”

C. 偏向于高性价比、高质量商品。

D. 成为中高端群体经济的代表

13. 在市场细分时，以下不属于心理细分市场维度的是（　　）。

A. 兴趣　　B. 购买动机

C. 消费水平　　D. 生活方式

14. 当前，网络消费者个性化行为更加明显，以下不属于其行为特点的是（　　）。

A. 购物社交化　　B. 注重体验

C. 绿色消费理念提升　　D. 单纯追求价格

15. 市场定位是企业及产品确定在目标市场上所处的位置，在市场定位时，以下不正确的是（　　）

A. 避免与大公司竞争　　B. 效仿同类市场

C. 差异化市场定位　　D. 印象鲜明的形象

（二）多选题

1. 在开展网络营销活动时，对网络商务信息收集的要求有（　　）

A. 及时　　B. 准确

C. 适度　　D. 经济

2. 网络市场信息搜集的途径与方法有（　　）。

A. 使用网络调研问卷　　B. 登录官方机构网站查询信息

C. 登录第三方咨询平台网站查询信息　　D. 社交媒体网站信息统计

3. 网络商务信息中数据信息搜集的途径与方法有（　　）。

A. 利用 Web 日志收集数据信息　　B. 浏览竞争对手网站

C. 使用自建的后台数据统计工具　　D. 使用第三方数据统计工具

4. 行业背景关乎着项目的前景和优势，调研的目的是了解行业发展状况、预测行业发展前景，可以利用（　　）方式获得。

A. 搜索引擎查找　　B. 访问相关网站收集资料

C. 查询网上专业数据库　　D. 统计知名人士或从业者发布的信息

5. 用户画像是企业通过对海量数据抽象成标签，再利用这些标签形成具体化的用户形象。用户画像的形成需要经历（　　）过程。

A. 数据积累　　B. 数据清洗

C. 数据建模分析　　D. 数据产出

6. 以下属于网络市场直接调研的有（　　）。

A. 数据统计法　　B. 专题讨论法

C. 在线问卷法　　D. 网络 A/B 测试法

7. 以下属于网络市场间接调研的有（　　）。

A. 利用搜索引擎查找资料　　B. 访问相关网站收集资料

C. 利用网上数据库查找资料　　D. 使用网络调研问卷

8. 在商务活动中，信息通常指的是商业消息、情报、数据、密码、知识等。以下属于网络商务信息的有（　　）。

A. 影像　　B. 数据

C. 表格　　D. 图形

9. 以下属于狭义的网络市场信息的有（　　）。

A. 产品评价　　B. 网络销售的平台

C. 网络消费者的行为模式　　D. 网络销售渠道

10. 广义的网络市场信息包括（　　）。

A. 网络环境情况　　B. 社会需求情况

C. 渠道情况　　D. 竞争者情况

11. 在搜集信息时，可以使用第三方数据统计工具，可使用的平台有（　　）。

A. 西瓜数据　　B. 清博指数

C. 谷歌　　D. 新榜

12. 企业需要针对网络消费者进行细分，可分为（　　）。

A. 地理细分市场　　B. 人口统计细分市场

C. 心理细分市场　　D. 行为细分市场

13. 在市场细分时，以下属于行为细分市场维度的有（　　）。

A. 购买时间　　B. 购买数量

C. 购买频率　　D. 对品牌的忠诚度

14. 在差异化市场定位时，可以采用的方法有（　　）。

A. 产品创新　　B. 服务差异化

C. 品牌形象差异化　　D. 价格差异化

15. 明确竞争对手后，采用哪些方法可以有效分析竞争对手？（　　）

A. 直接访问企业网站，搜集第一手资料

B. 利用常见的工具或软件，分析竞争对手的各项数据指标

C. 评估竞争对手在社会化媒体的表现

D. 去竞争对手的网站进行用户体验度检测

（三）简答题

1. 网络调研的类型有哪些？

2. 网络调研的方法有哪些？

3. 网络商务信息搜集的途径与方法有哪些？

4. 细分网络市场的方法有哪些？

5. 如何根据消费者心理进行市场细分？

二、技能提升

1. 描述实施网络调研的步骤。

2. 如何分析网络目标用户？

3. 如何研究竞争对手？

4. 如何正确定位网络目标市场？

三、思考讨论

1. 设计一个主题的调研问卷，说明调研问卷设计时需要注意的问题。

2. 差异化市场定位可以体现在产品创新、服务差异化和品牌形象差异化三个方面，以“江小白”为例进行分析，它是如何进行差异化市场定位的？

3. 在搜集商务信息的时候，你认为有哪些比较有效的搜索工具？

项 目 四

自媒体图文推广

第一部分　学习指导

一、知识归纳

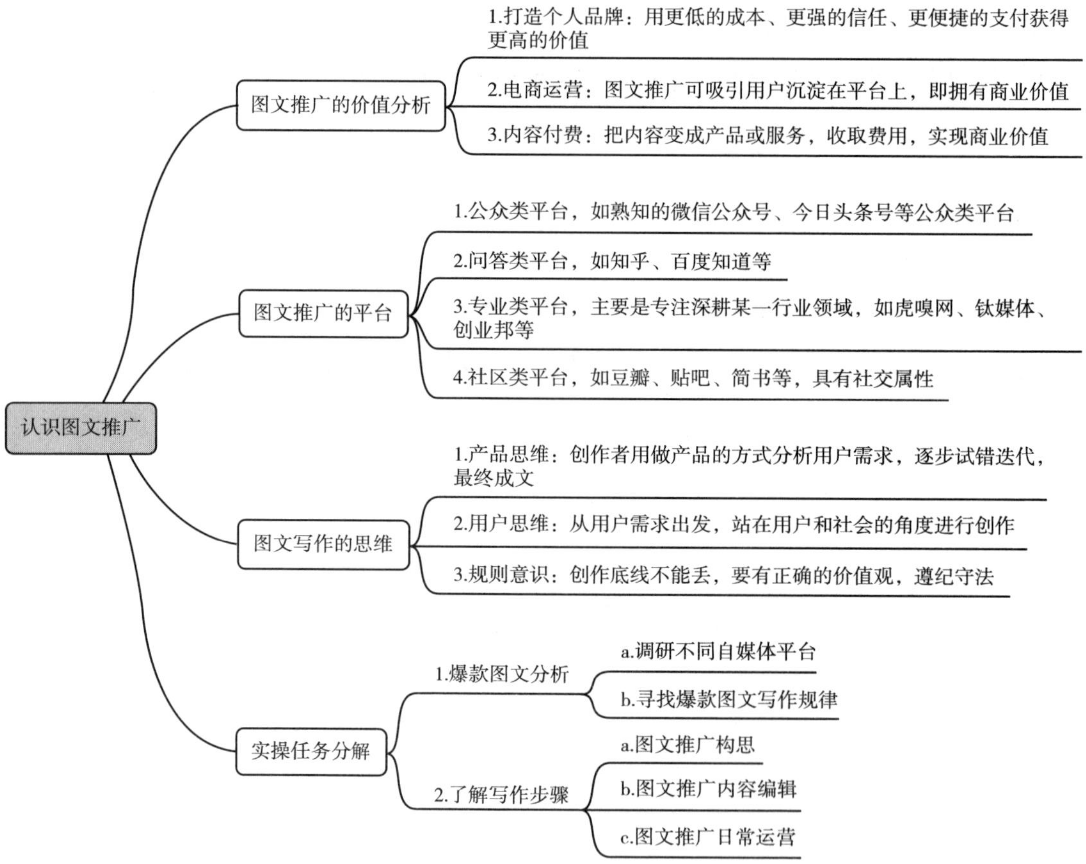

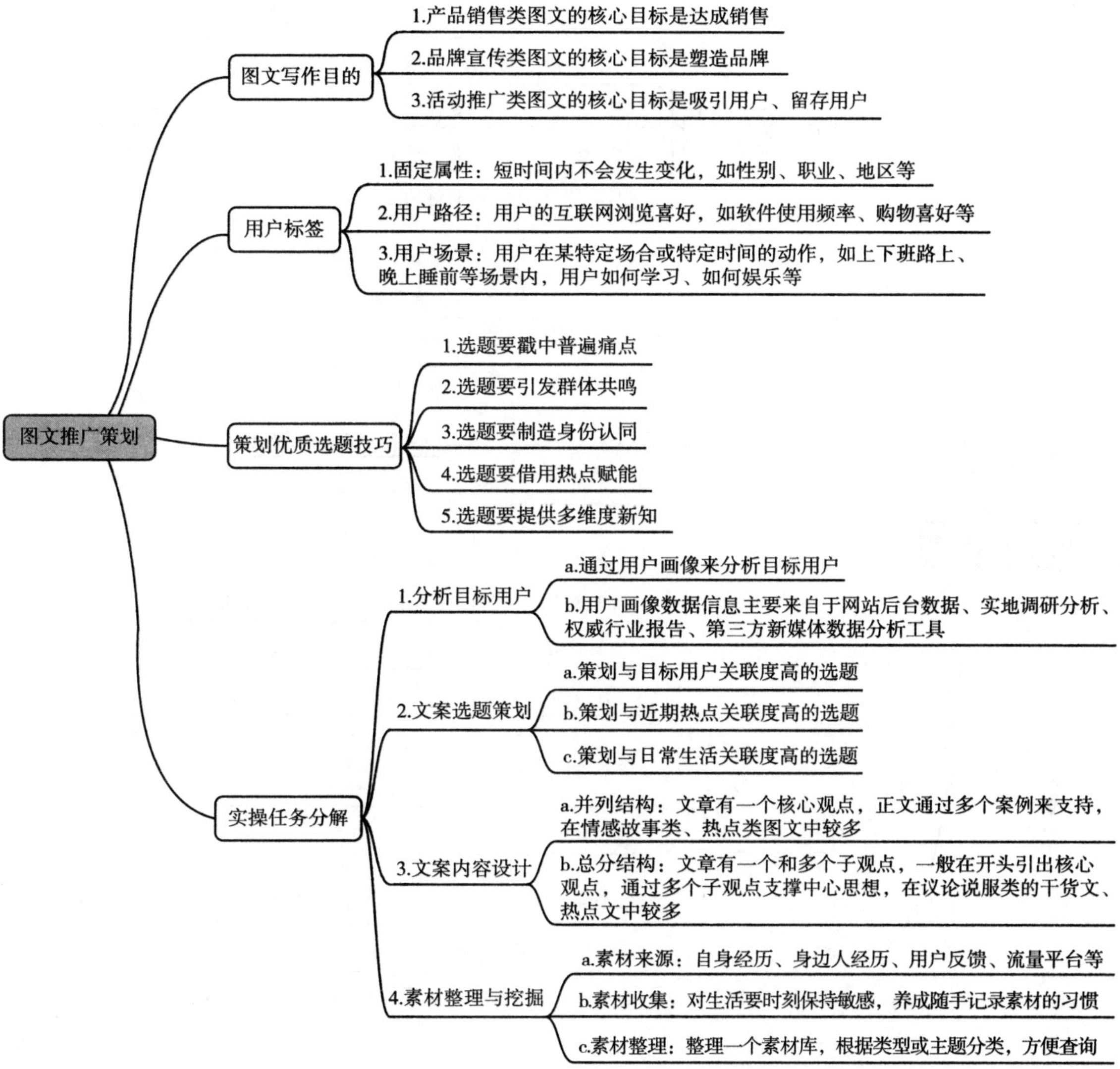
图文推广策划
图文写作目的
1.产品销售类图文的核心目标是达成销售
2.品牌宣传类图文的核心目标是塑造品牌
3.活动推广类图文的核心目标是吸引用户、留存用户
用户标签
1.固定属性：短时间内不会发生变化，如性别、职业、地区等
2.用户路径：用户的互联网浏览喜好，如软件使用频率、购物喜好等
3.用户场景：用户在某特定场合或特定时间的动作，如上下班路上、晚上睡前等场景内，用户如何学习、如何娱乐等
策划优质选题技巧
1.选题要戳中普遍痛点
2.选题要引发群体共鸣
3.选题要制造身份认同
4.选题要借用热点赋能
5.选题要提供多维度新知
实操任务分解
1.分析目标用户
a.通过用户画像来分析目标用户
b.用户画像数据信息主要来自于网站后台数据、实地调研分析、权威行业报告、第三方新媒体数据分析工具
2.文案选题策划
a.策划与目标用户关联度高的选题
b.策划与近期热点关联度高的选题
c.策划与日常生活关联度高的选题
3.文案内容设计
a.并列结构：文章有一个核心观点，正文通过多个案例来支持，在情感故事类、热点类图文中较多
b.总分结构：文章有一个和多个子观点，一般在开头引出核心观点，通过多个子观点支撑中心思想，在议论说服类的干货文、热点文中较多
4.素材整理与挖掘
a.素材来源：自身经历、身边人经历、用户反馈、流量平台等
b.素材收集：对生活要时刻保持敏感，养成随手记录素材的习惯
c.素材整理：整理一个素材库，根据类型或主题分类，方便查询

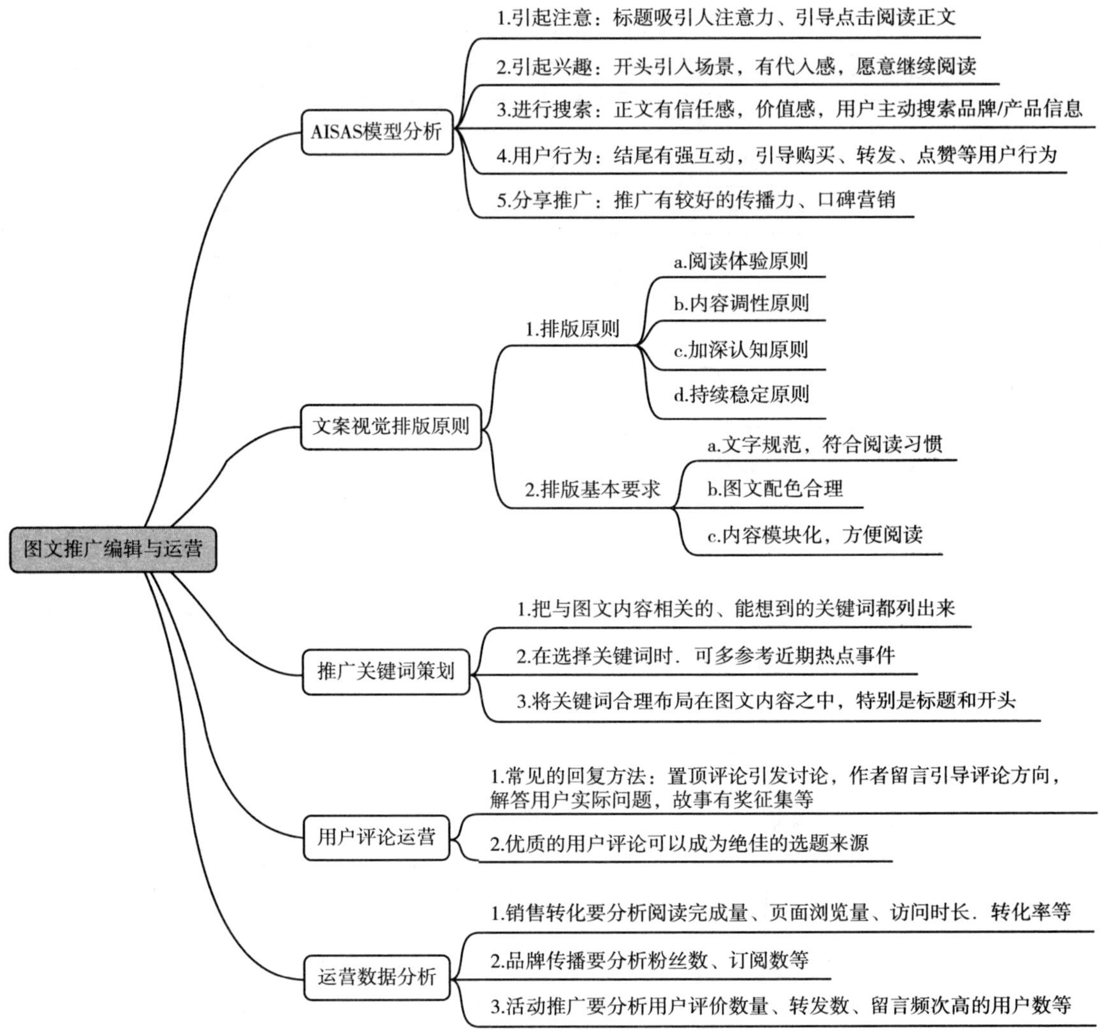
图文推广编辑与运营
AISAS模型分析
1.引起注意：标题吸引人注意力、引导点击阅读正文
2.引起兴趣：开头引入场景，有代入感，愿意继续阅读
3.进行搜索：正文有信任感，价值感，用户主动搜索品牌/产品信息
4.用户行为：结尾有强互动，引导购买、转发、点赞等用户行为
5.分享推广：推广有较好的传播力、口碑营销
文案视觉排版原则
1.排版原则
a.阅读体验原则
b.内容调性原则
c.加深认知原则
d.持续稳定原则
2.排版基本要求
a.文字规范，符合阅读习惯
b.图文配色合理
c.内容模块化，方便阅读
推广关键词策划
1.把与图文内容相关的、能想到的关键词都列出来
2.在选择关键词时. 可多参考近期热点事件
3.将关键词合理布局在图文内容之中，特别是标题和开头
用户评论运营
1.常见的回复方法：置顶评论引发讨论，作者留言引导评论方向，解答用户实际问题，故事有奖征集等
2.优质的用户评论可以成为绝佳的选题来源
运营数据分析
1.销售转化要分析阅读完成量、页面浏览量、访问时长. 转化率等
2.品牌传播要分析粉丝数、订阅数等
3.活动推广要分析用户评价数量、转发数、留言频次高的用户数等

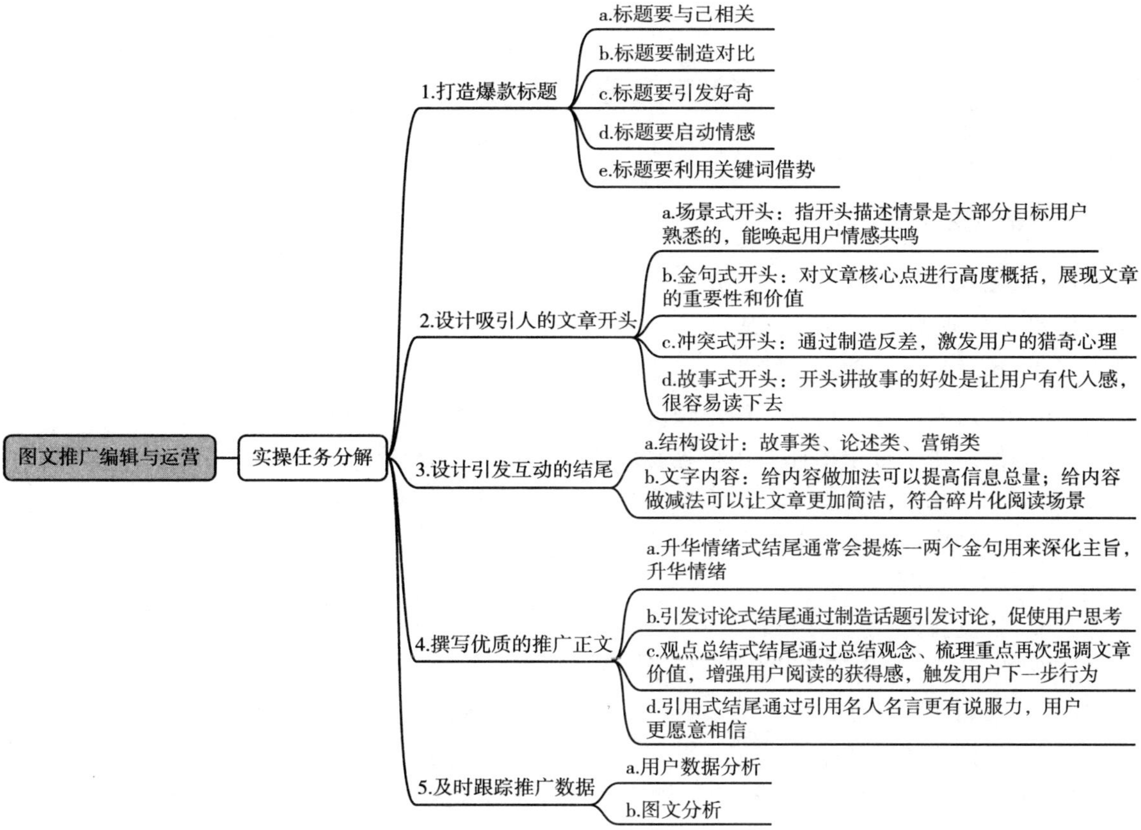

二、重点难点

重点：

- 图文推广的整体思路及方法
- 图文选题的原则与技巧，如何策划优质选题
- 图文写作的原则与技巧，如何打造爆款图文
- 图文推广的内容撰写与排版

难点：

- 图文推广的关键词选择
- 图文推广的数据分析
- 如何在图文推广中做到守正创新

三、学习准备

在项目四“自媒体图文推广”学习前，学习者应做好如下准备：

1. 提前了解目前主流图文推广的平台，如微信公众号、今日头条、小红书、网易新闻、知乎等，并下载相关 App；

2. 提前阅读不同类型的图文推广文章，并尝试分类比较文章的特点；

3. 在手机或者电脑上下载图片处理软件（如 Photoshop、美图秀秀、创客贴等），视频剪辑软件（如绘声绘影、爱剪辑、剪映等），排版软件（如秀米、i 排版等），并尝试自学。

第二部分　同步练习

一、基础夯实

（一）单选题

1. 关于信息增量，描述错误的是（　　）。

A. 爆款图文一般会提供密度适中的信息增量

B. 信息密度过于饱和，用户理解的成本太高，没有分享动力

C. 信息密度过于稀释，用户容易理解，愿意主动分享传播

D. 带给用户一些新信息，但又避免与用户已知的认知产生断层

2. 以下不属于内容编辑的是（　　）。

A. 拟定标题　　B. 撰写正文

C. 视觉排版　　D. 推广关键词

3. 对于一篇销售图文来说，成功的结尾能（　　）。

A. 交付给用户价值　　B. 引导用户关注

C. 提高购买转化率　　D. 触动用户情感

4. 图文中常用的“冲突、行动、结局”或“起承转合”结构属于（　　）。

A. 故事类图文结构　　B. 论述类图文结构

C. 营销类图文结构　　D. 逻辑类图文结构

5. AISAS 模型是基于互联网时代的市场特征而提出的一种（　　）分析模型。

A. 用户决策　　B. 购买力分析

C. 消费行为　　D. 购买意向

6. 以下不属于图文推广的营销价值的是（　　）。

A. 用户行为分析　　B. 打造个人品牌

C. 电商运营　　D. 内容付费

7. 基于（　　）目的，需要分析阅读完成量、页面浏览量、用户访问时长、转化率等数据指标。

A. 用户洞察　　B. 销售转化

C. 品牌传播　　D. 活动推广

8. 以下拟定标题的技巧中，《多厉害，才可以在简历上写精通 Excel》属于（　　）。

A. 与己相关　　B. 制造对比

C. 引发好奇　　D. 启动情感

9. 写作前的内容构思包括（　　）。

A. 明确写作目的　　B. 分析目标用户

C. 策划选题和内容　　D. 以上都是

10. 关键词是指在图文推广中能够满足目标用户（　　）的词。

A. 消费需求　　B. 情感需求
C. 搜索需求　　D. 求知需求

11. 围绕观点进行“阐述、分析、解决、总结”的图文结构属于（　　）。
A. 故事类图文结构　　B. 论述类图文结构
C. 营销类图文结构　　D. 逻辑类图文结构

12. 品牌宣传类图文的核心目标是（　　）。
A. 达成销售　　B. 塑造品牌
C. 吸引用户　　D. 活动推广

13. 某文章的开头“我害怕阅读的人。一跟他们谈话，我就像一个透明的人，苍白的脑袋无法隐藏”，属于（　　）。
A. 场景式开头　　B. 金句式开头
C. 冲突式开头　　D. 故事式开头

14. 以下不属于选题策划技巧的是（　　）。
A. 与目标用户关联度高的选题　　B. 与近期热点关联度高的选题
C. 与政治时事关联度高的选题　　D. 与日常生活关联度高的选题

15. 某文章的开头“最近，我对‘情商’这个词有了新的理解——高情商的人，原来最不讲道理”，属于（　　）。
A. 场景式开头　　B. 金句式开头
C. 冲突式开头　　D. 故事式开头

16. 优质的图文内容要求核心观点明确、（　　）、素材指向观点。
A. 语言流畅通顺　　B. 结构条理清楚
C. 整体逻辑清晰　　D. 表达准确无歧义

17. 若某账号发起话题讨论活动，从用户身上挖掘素材并整理成文，选题属于（　　）。
A. 与目标用户关联度高的选题　　B. 与近期热点关联度高的选题
C. 与社会时事关联度高的选题　　D. 与日常生活关联度高的选题

18. “来，今天的留言区，说说你过去做过或经历过哪些事，让你永生难忘”，属于（　　）。
A. 升华情绪式结尾　　B. 引发讨论式结尾
C. 观点总结式结尾　　D. 引用名言式结尾

（二）多选题

1. 以下属于拟定标题通用技巧的是（　　）。
A. 与己相关　　B. 制造对比
C. 引发好奇　　D. 启动情感

2. 通常来说，爆款图文具备（　　）共同属性。
A. 激发用户的情感共鸣　　B. 提供适当的信息增量
C. 拟定强吸引力的标题　　D. 撰写生动有趣的正文

3. 基于不同的内容类型和运营方向，自媒体平台可划分为（　　）。
A. 公众类　　B. 问答类

C. 社区类
D. 视频类

4. 常见的图文结尾方法有（　　）。
A. 升华情绪式结尾
B. 引发讨论式结尾
C. 观点总结式结尾
D. 引用式结尾

5. 一个成功的开头具有（　　）特点。
A. 符合用户预期
B. 开门见山
C. 与“我”相关
D. 引起好奇

6. AISAS 模型中的两个“S”指的是（　　）。
A. Search
B. Sample
C. Share
D. Serve

7. 图文排版的原则有（　　）。
A. 阅读体验原则
B. 内容格调原则
C. 加深认知原则
D. 持续稳定原则

8. 素材主要来源于（　　）。
A. 自身/身边人经历
B. 用户反馈
C. 专家或权威人物
D. 引起广泛讨论的节目或影视剧、书籍

9. 策划关键词可分为（　　）步骤。
A. 关键词策划
B. 关键词罗列
C. 关键词选择
D. 关键词布局

10. 从用户反馈挖掘选题，可以采取的方法有（　　）。
A. 关注好奇心日报、新榜以及知乎等用户意见聚集平台
B. 关注文章评论区里的感人故事或者精辟语句
C. 发起话题引导用户分析，直接整理成文
D. 专门做用户调研

11. 内容大纲的设计步骤主要包括（　　）。
A. 基于选题和素材，进行思维发散，列出观点
B. 整理观点之间的逻辑关系，进行增减和修改
C. 确定全文核心观点，子观点和案例都为核心观点服务
D. 整理输出完整的内容大纲

12. （　　）热点很容易引发用户情绪共鸣。
A. 低门槛
B. 高共鸣
C. 新观点
D. 反常态

13. 总分结构在（　　）图文中比较常见。
A. 干货文
B. 热点文
C. 情感文
D. 故事文

14. 以下属于排版基本要求的有（　　）。
A. 文字规范，尽量符合用户的阅读习惯并突出重点
B. 图文整体配色遵循三色原则，最好不超过三种
C. 内容模块化，帮助用户更好地获取、理解内容

D. 图文开始有导语引入，结尾有简短的个人简介

15. 用户增长数据分析指标包括（ ）。

A. 新增关注人数　　B. 取消关注人数

C. 净增人数　　D. 性别分布

16. 图文推广的整体思路有（ ）。

A. 图文推广构思　　B. 图文推广内容编辑

C. 图文推广日常运营　　D. 图文推广数据分析

（三）简答题

1. 图文推广的价值是什么？

2. 图文推广整体思路是什么？

3. 图文推广中提炼用户标签的公式是什么，都包含哪些要素？

4. 图文排版的要求是什么？

5. 什么是图文推广的关键词？

二、技能提升

1. 自媒体图文写作与传统媒体写作一样吗？爆款图文有哪些特点？

2. 如何策划一个好的图文推广选题？

3. 在哪里可以获取用户的数据信息？用户数据有什么作用？

4. 图文推广内容编辑主要包括哪些内容？请利用 AISAS 模型进行说明。

5. 图文运营数据分析常用指标有哪些？常用数据分析工具有哪些？

三、思考讨论

1. 寻找一个自媒体推广的企业品牌或产品案例近期文章，思考此文章在选题、标题、内容结构设计等方面还有可以优化的地方吗？

2. 爆款文章一定是对社会、对用户有价值的好文章吗？为什么？

3. 请尝试使用网络上的智能写作机器人（软件/程序），思考写作机器人可以完全代替人的写作吗？

项目五

搜索引擎推广

第一部分 学习指导

一、知识归纳

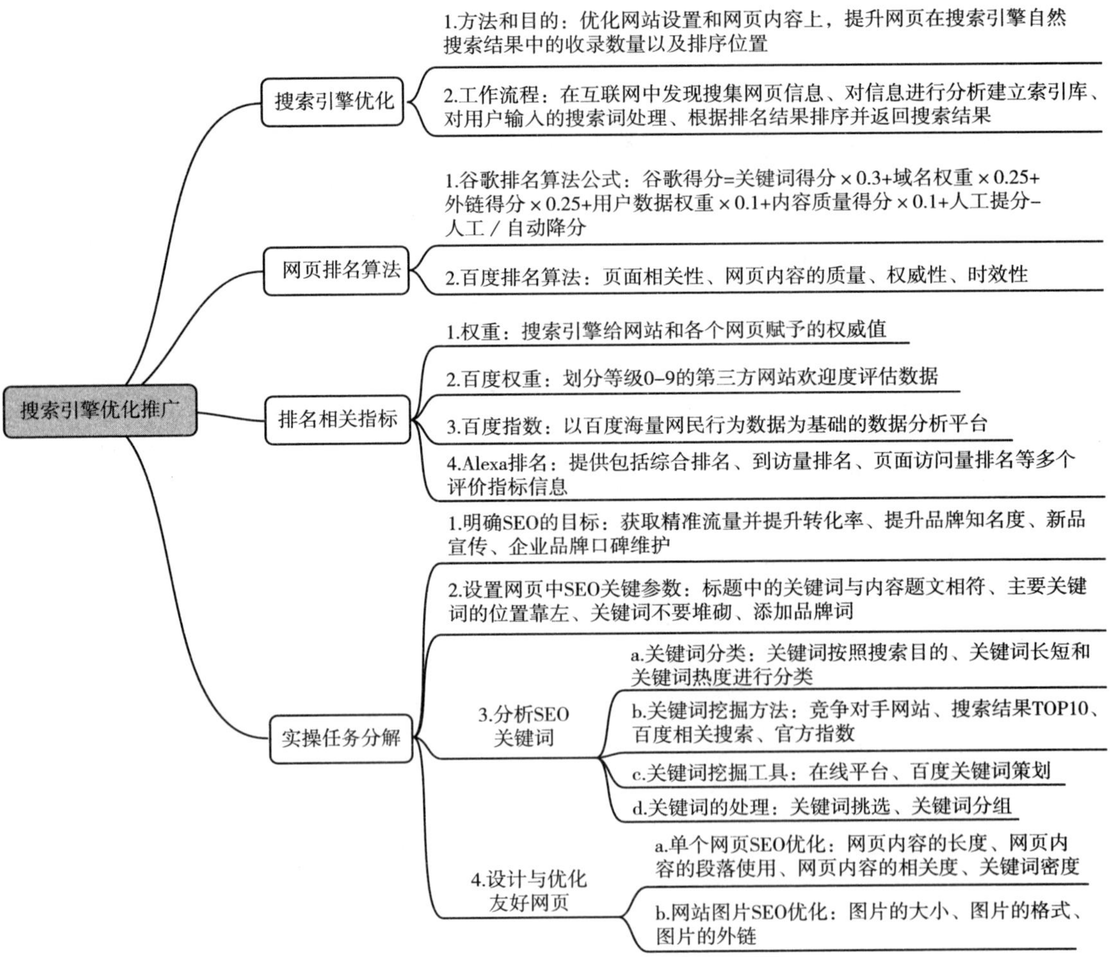

- **搜索引擎竞价推广**
  - SEM漏斗模型
    - 1.漏斗模型元素：展现量、点击量、访问量、咨询量（注册量）、订单量
    - 2.漏斗模型五个层次：指从展现、点击、访问、咨询到生成订单的五个环节，营销漏斗每个环节都会有消费者流失
  - 关键词质量度
    - 1.影响得分三个维度：预估点击率、业务相关性、着陆页体验
    - 2.呈现方式：百度搜索推广中衡量关键词质量的综合性指标，现在质量度已升级为五星十分制
  - 工作内容
    - 1.四项工作：账户操作，专题页策划、数据分析，效果优化
    - 2.搜索引擎营销的五个阶段：引流为王、转化为王、成本控制、流程管理、营销体系
  - 实操任务分解
    - 1.搜索竞价广告
      - a.搜索竞价广告特点：见效快、效果好、灵活性、评估精准
      - b.搜索竞价广告账户：推广计划设置、推广单元搭建、关键词设置、创意展现样式
    - 2.专题页策划
      - a.专题页策划四步法：引入—痛点—产品—召唤四个环节
      - b.专题页分析：引入环节、痛点环节、产品环节、召唤行动
    - 3.分析SEM数据
      - a.分析维度：整体维度、细分维度、其他维度
      - b.数据评估指标：转化成本、点击率、投入产出比、留单率
    - 4.数据分析方法
      - a.获取数据：URL标识（添加相关追踪代码），设置转化目标（主要是页面转化和事件转化）
      - b.处理数据：熟练运用Excel、数据透视表、VLOOKUP函数、COUNTIF函数等

- **搜索推广成本**
  - 网络广告付费
    - 1.付费形式：CPT以时间来计费、CPM按展示付费、CPA根据每个访问者对网络广告所采取的行动收费、CPC根据广告被点击的次数收费
    - 2.漏斗模型五个层次：指从展现、点击、访问、咨询到生成订单的五个环节，营销漏斗每个环节都会有消费者流失
  - 百度搜索推广付费方式
    - 1.付费形式：按点击付费，广告排名=出价×质量度
    - 2.样式：末尾处有“广告”字样
  - 实操任务分解
    - 1.根据预算搭建账户：小账户预算一般为100—1000元、中账户预算一般为1000—5000元、大账户预算一般为5000元以上
    - 2.设置关键词出价
      - a.关键词出价：关键词的出价仅作用于该关键词
      - b.推广单元出价：单元出价最高可以设置为 999.99元，最低可以设置为 0.01 元
      - c.关键词出价原则：账户预算原则、产品利润原则、关键词购买阶段、遵循行业规律
  - 关键词点击价格
    - 1.点击价格：指企业为网民的点击访问所支付的实际推广费用
    - 2.最低展现价格：在用户搜索时被触发上线展示价格
    - 3.点击价格：取决于企业和其他客户的排名、出价和质量度，点击价格＝下一名关键词出价×下一名关键词质量度÷自身关键词质量度＋0.01元

二、重点难点

重点：
- 搜索引擎网页排名涉及维度
- 搜索引擎营销漏斗模型
- 关键词质量度和关键词匹配方式
- 搜索营销数据统计与分析方法

难点：
- 根据企业开展搜索引擎优化的目标，制定搜索引擎优化方案
- 完成搜索引擎营销关键词分析与挖掘
- 如何在图文推广中做到守正创新

三、学习准备

在项目五“搜索引擎推广”学习前，学习者应做好如下准备：

1. 登录百度指数，输入常见关键词，提前了解网民搜索关键词变化趋势，通过用户搜索行为分析用户需求图谱对关键词的人群属性进行聚类分析；

2. 登录百度营销网站，了解搜索广告、信息流广告等广告类型，在线学习相关营销案例。

第二部分　同步练习

一、基础夯实

（一）单选题

1. 以下关于搜索引擎优化的目标，错误的是（　　）。
   A. 增加网页收录　　B. 提高关键词排名
   C. 搜索引擎中获得更多的免费流量　　D. 减少推广费用

2. 以下对权重描述错误的是（　　）。
   A. 搜索引擎给网站和各个网页赋予的权威值
   B. 网站权重值越高，说明搜索引擎对于网站的认可度越低
   C. 网站权重值越高，网站在搜索引擎排名就越好
   D. 权重是指网站预计流量，按照流量大小来分等级

3. 百度对于内容的质量审核越来越严格，以下不属于网页内容质量的是（　　）。
   A. 内容质量　　B. 浏览体验
   C. 文字数量　　D. 可访问性

4. 百度指数是以百度海量网民行为数据为基础的数据分析平台，以下描述不正确的是（　　）。
   A. 是一个重要的统计分析平台　　B. 关键词搜索趋势

C. 洞察网民兴趣和需求　　D. 获取网站流量

5. 一般合理的整站关键词部署类似金字塔形状，不同类型关键词部署在不同页面，页面之间的关键词不可重复或相近。网站关键词部署金字塔定律不正确的是（　　）。

A. 分类页可以部署核心关键词　　B. 专题页可以部署比较热门关键词

C. 文章页可以部署长尾关键词　　D. 标签页可以部署次热门关键词

6. 以下不是关键词挖掘工具的是（　　）。

A. chinaz 平台　　B. aiku 平台

C. 百度关键词规划师　　D. 新榜平台

7. 以下不是网站图片 SEO 优化需要考虑因素的是（　　）。

A. 图片的大小　　B. 图片的格式

C. 图片的外链　　D. 图片像素

8. 关键词质量度是百度搜索推广中衡量关键词质量的综合性指标，关键词质量度得分维度不包含（　　）。

A. 预估点击率　　B. 业务相关性

C. 搜索需求　　D. 着陆页体验

9. 搜索竞价广告是一种依据关键词定向的精准广告，通过调整价格来进行排名，按照广告效果付费的新型网络广告形式，关于此广告形式以下说法不正确的是（　　）。

A. 见效快　　B. 效果好

C. 付费少　　D. 灵活性

10. 为了达到良好的竞价推广效果，竞价后台应该设置竞价账户，账户结构一般分为（　　）层。

A. 3　　B. 4

C. 5　　D. 6

11. 搜索竞价推广单元搭建思路不正确的是（　　）。

A. 以关键词性质来进行设置　　B. 保证创意的通顺度

C. 根据预算进行搭建　　D. 根据词性去划分单元

12. 关键词匹配方式是指用户搜索词和广告主设置的推广关键词的匹配方式，推广关键词“英语在线学习”，以下短语精确包含匹配的是（　　）。

A. “成人英语学习”　　B. “高中英语在线学习”

C. “小学英语”　　D. “出国英语学习”

13. 关键词匹配方式是指用户搜索词和广告主设置的推广关键词的匹配方式，推广关键词“英语在线学习”，以下不是同义匹配的是（　　）。

A. “英语在线教育”　　B. “高中英语在线学习”

C. “英语网上教学”　　D. “英语学习机构”

14. 常见的网络广告付费形式有很多种，以时间来计费的广告形式是（　　）

A. CPT　　B. CPM

C. CPA　　D. CPC

15. 常见的网络广告付费形式有很多种，以按展示付费的广告形式是（　　）。

A. CPT　　B. CPM

C. CPA　　D. CPC

16. 常见的网络广告付费形式有很多种，按点击次数付费的广告形式是（　　）。

A. CPT　　B. CPM

C. CPA　　D. CPC

（二）多选题

1. 搜索引擎的工作原理是从互联网上抓取网页，建立索引数据库，在索引数据库中搜索排序。其整个工作过程大体分为（　　）。

A. 在互联网中发现、搜集网页信息　　B. 对信息进行分析建立索引库

C. 对用户输入的搜索词处理　　D. 根据排名结果排序并返回搜索结果

2. 搜索引擎的网页排名算法是非常复杂的，谷歌的网页排名算法与哪些相关？（　　）

A. 关键词得分　　B. 域名权重

C. 外链得分　　D. 内容质量得分

E. 用户数据

3. 对于中文网站来说，在百度获得好的排名就是 SEO 工作成功的关键。百度的排序算法非常复杂，依据公开的文档，大致可以归类影响网页排序的几个重要因素有（　　）。

A. 页面相关性　　B. 网页内容的质量

C. 网站权威性　　D. 网页时效性

4. 搜索引擎优化就是通过技术手段从搜索引擎中获取免费流量，企业开展搜索引擎优化的目标有（　　）。

A. 获取精准流量并提升转化率　　B. 提升品牌知名度

C. 新品宣传　　D. 企业品牌口碑维护

5. 对页面标题进行 SEO，需要遵循的原则有（　　）。

A. 标题中的关键词与内容题文相符　　B. 主要关键词的位置靠左

C. 关键词不要堆砌　　D. 添加品牌词

6. 关键词按照搜索目的进行分类，可分为（　　）。

A. 导航类关键词　　B. 长尾关键词

C. 事务类关键词　　D. 信息类关键词

7. 关键词按照热度进行分类，可分为（　　）。

A. 热门关键词　　B. 爆款关键词

C. 一般关键词　　D. 冷门关键词

8. 以下属于关键词挖掘方法的有（　　）。

A. 竞争对手网站　　B. 搜索结果 TOP10

C. 百度相关搜索　　D. 官方指数

9. 网站的页面优化是对网页的程序、内容、版块、布局等多方面的优化调整，以下属于单个网页 SEO 优化的有（　　）。

A. 网页内容的长度　　B. 网页内容的段落使用

C. 网页内容的相关度　　D. 关键词数量

10. SEM 营销漏斗模型是指在营销的过程中，从最初匹配用户到最终转化成交的过程就

像一个漏斗，它包含（　　）。

A. 展现量　　B. 点击量

C. 访问量　　D. 咨询量

E. 订单量

11. 展现量即关键词展现在用户前的次数，影响展现量的因素有（　　）。

A. 账户整体设置　　B. 关键词

C. 网民搜索量　　D. 展现样式

12. 搜索竞价推广的推广计划主要反映商家的营销目的，推广计划设置可以从以下（　　）维度去解析划分。

A. 产品维度　　B. 地区维度

C. 用户需求维度　　D. 购买阶段维度

13. 当很多数据呈现在你面前的时候，我们首先要考虑的问题是从什么维度着手，着手的维度主要有（　　）。

A. 整体维度　　B. 关键词维度

C. 细分维度　　D. 其他维度

14. 整体方向上的维度分析主要包括（　　）。

A. 渠道　　B. 设备

C. 地域　　D. 时段

15. 细分方向上的维度主要包括（　　）。

A. 计划　　B. 单元

C. 关键词　　D. 创意

16. 数据评估指标是根据考核情况衡量工作的好坏，采用下面几大指标来衡量每一维度的好坏：（　　）。

A. 转化成本　　B. 点击率

C. 投入产出比　　D. 留单率

17. 关键词出价时需要综合考虑多种因素，具体原则有（　　）。

A. 账户预算原则　　B. 产品利润原则

C. 关键词购买阶段的原则　　D. 遵循行业规律原则

（三）简答题

1. 影响网站在百度上的排名因素有哪些？

2. 描述一下搜索引擎工作流程。

3. 开展搜索引擎营销，需要注意哪四项重要工作？

4. 关键词出价时需要综合考虑多种因素，主要考虑哪些原则？

5. 如何来计算关键词点击价格？

二、技能提升

1. 以一个你感兴趣的行业为例，说明关键词挖掘方法。

2. 专题页对于搜索引擎营销起着决定性作用，因为无论优化、竞价，最终目的是把用户带到你的网站上来，并促成用户成交，试说明专题页策划方法。

3. 关键词可以在哪里添加？不同的匹配方式有什么作用？

4. 搜索竞价推广时，如何来设置推广计划？

三、思考讨论

1. 搜索引擎对企业的营销价值主要表现在哪些方面？

2. 企业做推广时，如何来选择搜索引擎营销还是竞价推广？

项目六

社群营销

第一部分　学习指导

一、知识归纳

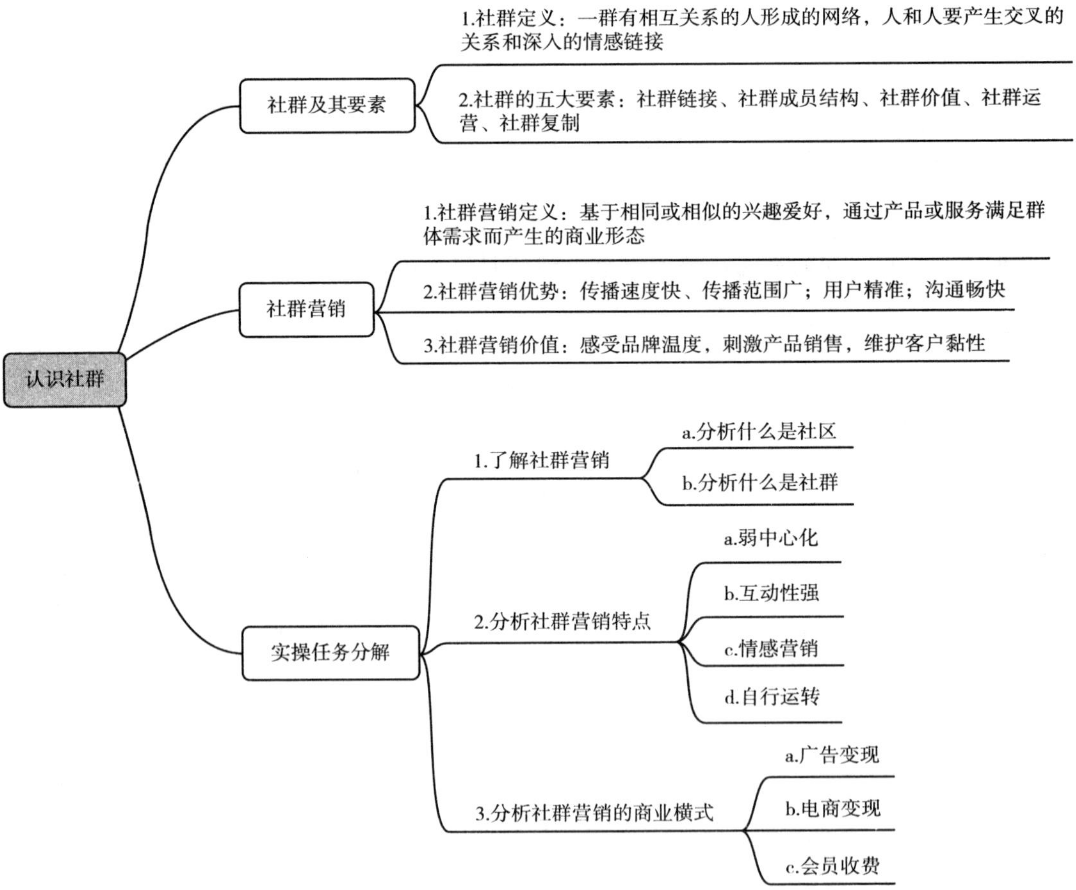

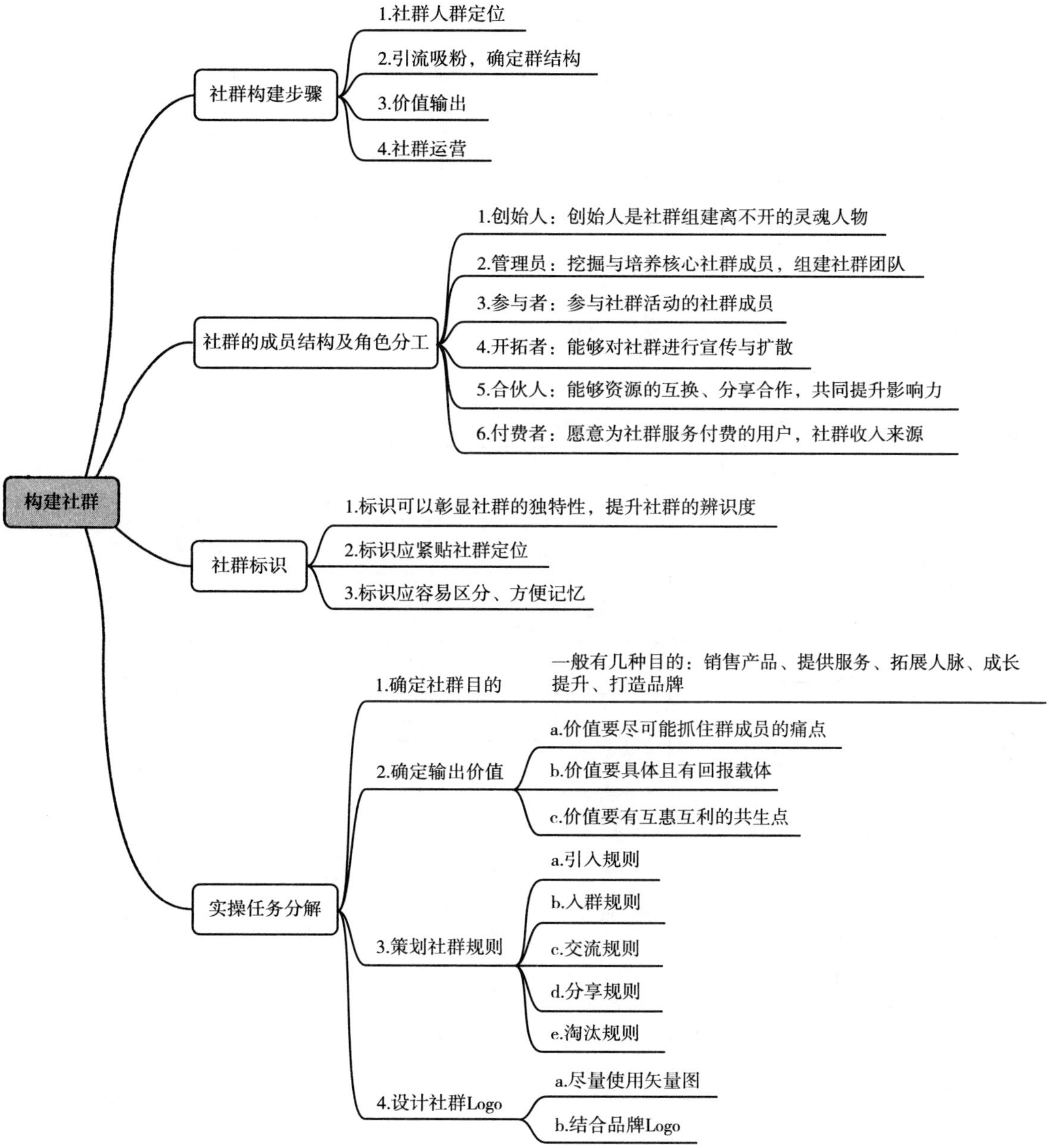
构建社群
社群构建步骤
1.社群人群定位
2.引流吸粉，确定群结构
3.价值输出
4.社群运营
社群的成员结构及角色分工
1.创始人：创始人是社群组建离不开的灵魂人物
2.管理员：挖掘与培养核心社群成员，组建社群团队
3.参与者：参与社群活动的社群成员
4.开拓者：能够对社群进行宣传与扩散
5.合伙人：能够资源的互换、分享合作，共同提升影响力
6.付费者：愿意为社群服务付费的用户，社群收入来源
社群标识
1.标识可以彰显社群的独特性，提升社群的辨识度
2.标识应紧贴社群定位
3.标识应容易区分、方便记忆
实操任务分解
1.确定社群目的
一般有几种目的：销售产品、提供服务、拓展人脉、成长提升、打造品牌
2.确定输出价值
a.价值要尽可能抓住群成员的痛点
b.价值要具体且有回报载体
c.价值要有互惠互利的共生点
3.策划社群规则
a.引入规则
b.入群规则
c.交流规则
d.分享规则
e.淘汰规则
4.设计社群Logo
a.尽量使用矢量图
b.结合品牌Logo

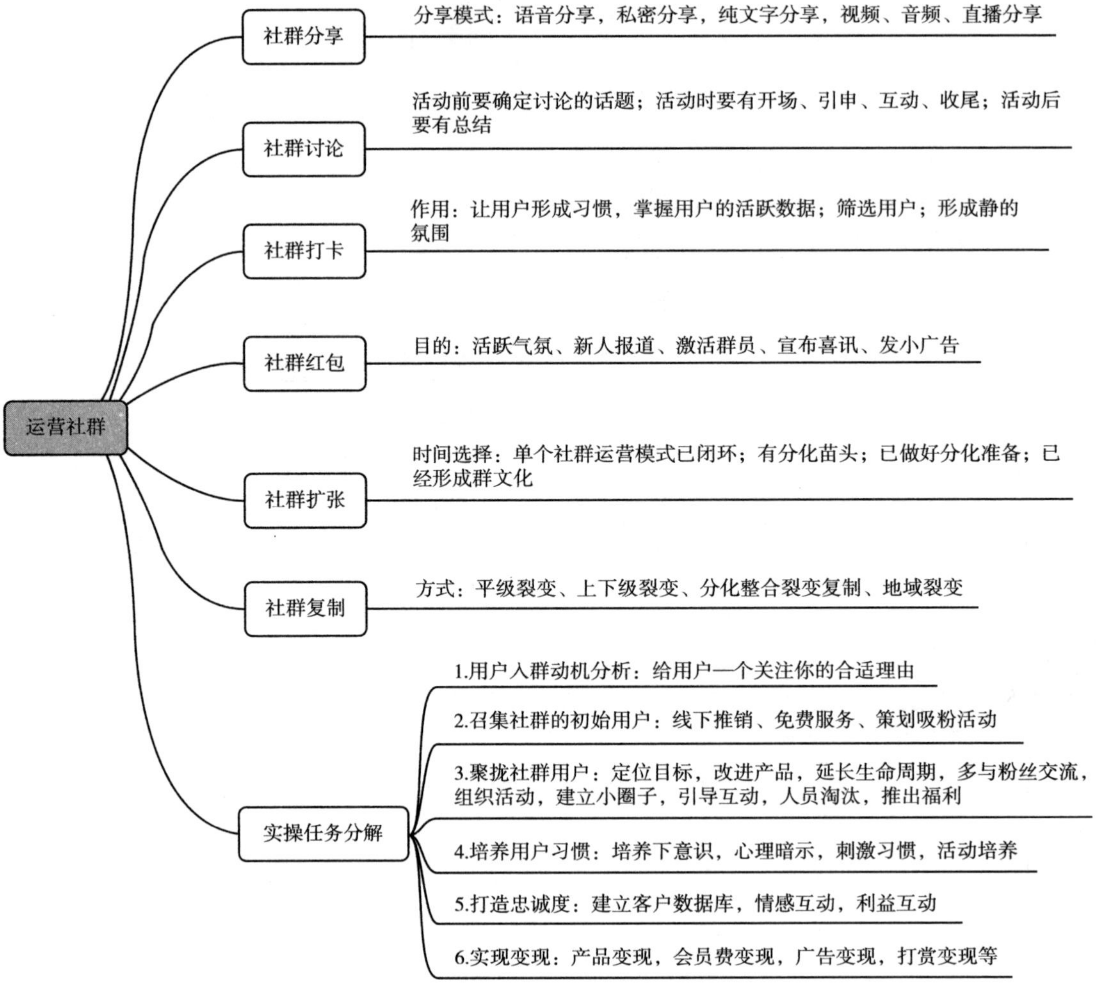

二、重点难点

重点：

- 社群构建的步骤
- 聚拢用户的主要方法
- 社群规则的制定
- 组织线下活动
- 社群的日常运营

难点：

- 社群标识与 Logo 的设计
- 社群如何实现变现
- 社群的复制、分化设计
- 整合社群资源

三、学习准备

在项目六“社群营销”学习前，学习者应做好如下准备：

1. 想一想自己都加入过哪些社群，在什么平台中加入的社群？通过什么方式加入的？加入社群的目的是什么？
2. 数一数自己所在的社群有多少个，哪些活跃度高？为什么？
3. 关注2－3个活跃社群，分析群主（管理员）是如何运营社群的。
4. 自己尝试组建一个有关兴趣爱好/学习/生活的社群。

第二部分　同步练习

一、基础夯实

（一）单选题

1. 因为大家有共同的一种爱好、一种手艺、一种兴趣所建立的社群，是（　　）链接的社群。

A. 产品链接　　B. 兴趣链接
C. 品牌链接　　D. 情感链接

2. 下列针对社群营销的商业模式说法不正确的是（　　）。

A. 社群广告变现就是把社群当作广告投放渠道，完成销售目标
B. 社群电商实质上就是将商家已有的产品通过社群作为渠道卖给群成员
C. 通过收取会员费的方式变现，可以说是最为简单直接的变现方式，入群收费越高，群成员越精准
D. 收取会员费是社群最简单也最主要的盈利方式

3. 社群营销的价值包括（　　）。

①感受品牌温度；②刺激产品销售；③维护顾客黏性；④进行企业文化输出。

A. ②③④　　B. ①②③
C. ①②④　　D. ③④

4. （　　）是社群运营和营销的核心和关键所在。

A. 社群规模　　B. 社群价值
C. 社群定位　　D. 以上均是

5. （　　）是未来大规模社群复制时的超级种子用户，是复制社群规模的基础。

A. 开拓者　　B. 管理员
C. 合作者　　D. 付费者

6. 群规的目的主要是在（　　）和诱发刷屏两者之间寻求平衡点。

A. 群人数　　B. 活跃度
C. 禁言　　D. 群目标

7. 以下不属于聚拢用户的方法的是（　　）。

A. 建立严格群规，避免建设小圈子
B. 推出社群福利
C. 多与粉丝进行交流
D. 组织活动，建立线上线下连接

8. 下列保证社群活跃度的方法中，描述有误的是（　　）。
A. 群里最好有一到多个灵魂人物或明星用户
B. 聚集核心成员，协助管理
C. 在群成员喜欢的事件上或时间段进行活动
D. 周期性在群里推送文本内容

9. 社群分享一般是（　　）模式，由主角主导输出。
A. 多对多
B. 一对一
C. 全员参与
D. 一对多

10. 关于社群打卡，描述正确的是（　　）。
A. 社群打卡是社群中的成员为了养成某一个习惯所采取的某一种行为
B. 社群打卡是一对多的社群活动
C. 社群打卡是由组织者领导的分享活动
D. 以上均正确

11. 为了调动社群的活跃度，发红包也是一种很好的方式，发红包方法有（　　）。
A. 红包接龙
B. 抢红包
C. 专项包
D. 以上均是

12. 社群进行商业变现需要明确社群成员需求是因为（　　）。
A. 社群组建者的要求
B. 社群的运营属性所决定
C. 社群成员需求决定什么样的产品才能让他们买单
D. 社群中的意见领袖意愿

13. 以下案例当中不属于产品变现的是（　　）。
A. 罗辑思维售卖月饼
B. 天猫平台售卖服装
C. 通过直播实现店铺商品销售
D. 吴晓波通过社群售卖吴酒

14. 以下不属于社群变现形式的是（　　）。
A. 骑行社群成员自发组织成员进行骑行活动
B. 读书社群组织图书签售活动
C. 签到群收取入群费
D. 水果店组建社群，在群内发布商品促销信息

15. 以下关于社群线下活动描述错误的是（　　）。
A. 线下活动可以拉近群成员之间的关系
B. 线下活动可以增加群成员的归属感
C. 社群线下活动必须以营销为目的
D. 社群线下活动是对社群文化、理念的巩固

16. 关于社群线下活动宣传阶段的做法说法正确的是（　　）。
A. 活动推广渠道越多越好
B. 活动推广渠道要选择最热门的

C. 活动推广渠道一定要与活动目标群体相契合

D. 活动预热期不必要投入推广费用

17. 下面哪个属于产品变现？(　　)

A. 某旅行社建立自己的社群，定期更新旅行攻略，并销售旅游线路

B. 某旅行社在网上收取会员费

C. 某旅游爱好者微信群定期发放某旅行社的广告

D. 某旅游公众号发布文章，设置打赏金额

18. 下面哪种方式属于培养用户习惯？(　　)

A. 每日签到有礼　　B. 连续登录有礼

C. 发帖回复奖励　　D. 以上都是

（二）多选题

1. 社群营销的优势包括（　　）。

A. 传播速度快　　B. 社群的针对性极强

C. 沟通畅快，减少投诉不愉快等不良状况　　D. 成本低

2. 社群运营的“四感”包括（　　）。

A. 仪式感　　B. 参与感

C. 组织感　　D. 归属感

3. 下面属于标签链接的有（　　）。

A. 某学校学生　　B. 教师群体

C. 属相是狗的人　　D. 买过同一样产品

4. 如何确定社群的输出价值？(　　)

A. 价值要尽可能抓住群成员的痛点　　B. 价值要让社群获利快

C. 价值要具体且有回报载体　　D. 价值要有互惠互利的共生点

5. 社群可以给用户带来的价值有哪些？(　　)

A. 提供某种兴趣爱好的交流机会。

B. 聚集某个圈子的精英，影响更多人。

C. 让某个区域或者某个圈子的人更好交流

D. 学习提升，增长个人知识及技能

6. 社群营销的特点有什么？(　　)

A. 弱中心化　　B. 互动性强

C. 情感营销　　D. 自行运转

7. 以下属于构建社群的步骤的是（　　）。

A. 寻找同好用户　　B. 引流吸粉，确定群结构

C. 价值输出　　D. 社群的运营与复制

8. 建立社群主要目的有哪些？(　　)

A. 销售产品　　B. 提供服务

C. 拓展人脉　　D. 成长提升

E. 打造品牌

9. 应从以下哪几点培养用户习惯呢？（　　）

A. 培养下意识　　B. 心理暗示

C. 用鼓励去刺激　　D. 利用固定的活动

10. 为了保证社群的活跃度，可以借助（　　）方式。

A. 打卡　　B. 发红包

C. 转发信息　　D. 价值输出

11. 进行社群讨论内容策划时，在话题方面我们要遵守（　　）原则。

A. 话题不能太大　　B. 话题要简单、有吸引力

C. 话题设计要有情景感　　D. 话题设计，注重用户的参与度

12. 社群讨论中，过程稿包含（　　）。

A. 开场介绍　　B. 引申阶段

C. 互动热场　　D. 收尾

（三）简答题

1. 社群的五大要素是什么？

2. 社群营销及其优势是什么？

3. 社群营销的特点是什么？

4. 社群应包含哪些成员，其分工如何？

5. 构建社群的步骤有哪些？

6. 为什么要在社群中进行“打卡”活动？

7. 用户入群的动机有哪些？

8. 社群变现的方式有哪些，请举例说明。

二、技能提升

1. 设置社群引入规则的方法有哪些？

2. 如何提高社群讨论的质量？

3. 如果你是一个旅游爱好者社群的群主，你将用什么方式来培养用户习惯？

4. 如果你是一个旅游爱好者社群的群主，你将用什么方式来召集初始用户？

5. 打造社群用户忠诚度的方法有哪些？

三、思考讨论

1. 社群目标人群定位对社群的建立至关重要，如果要构建一个读书群，可以通过哪些渠道快速找到社群目标人群？

2. 社群的管理需要有一个度的把握，不能太严，也不能太过松散，谈谈你对这个度的理解？

3. 在校园组织线下活动，我们可以邀约哪些嘉宾？校园里有没有意见领袖或名人？这样的人可以当嘉宾吗？嘉宾一定得是名人吗？

项目七

短视频营销

第一部分　学习指导

一、知识归纳

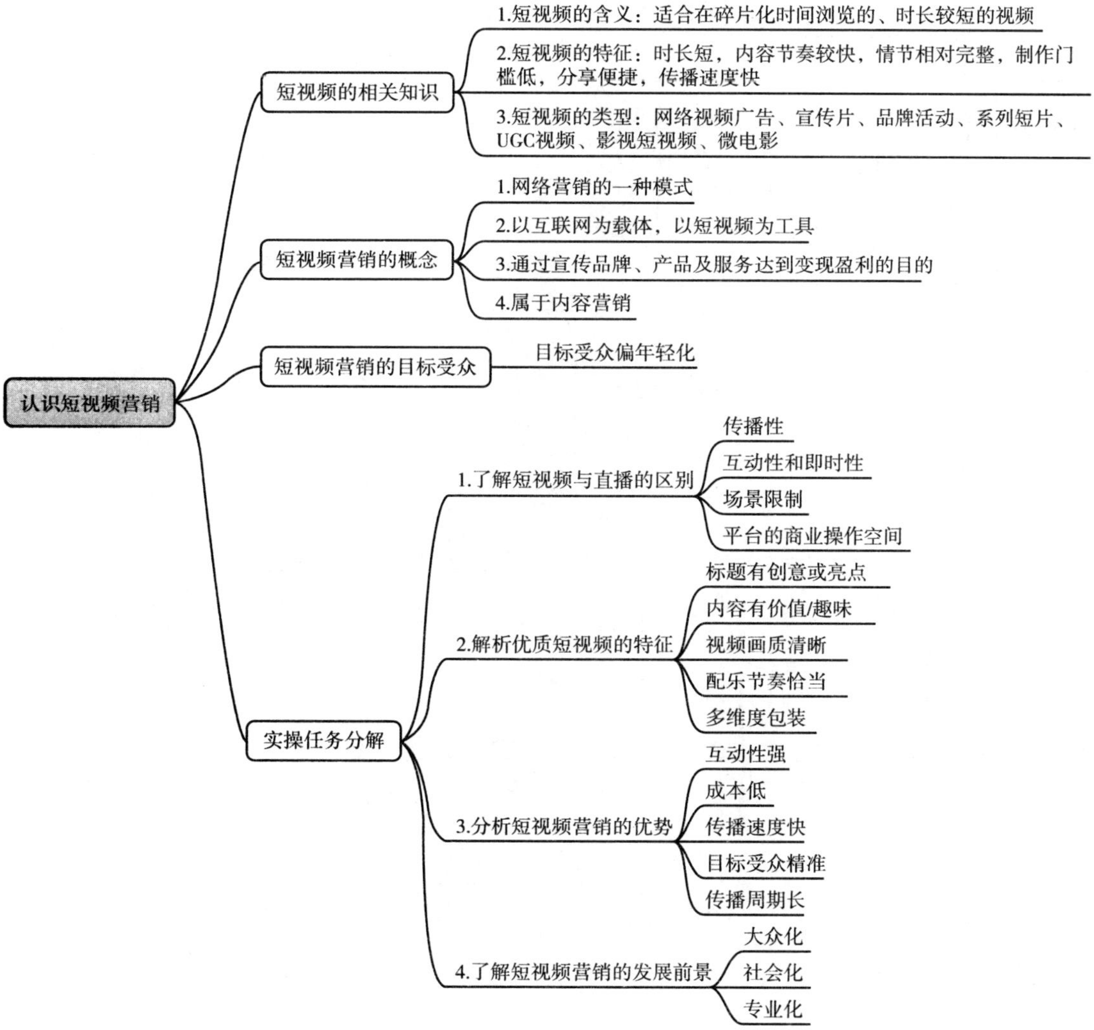

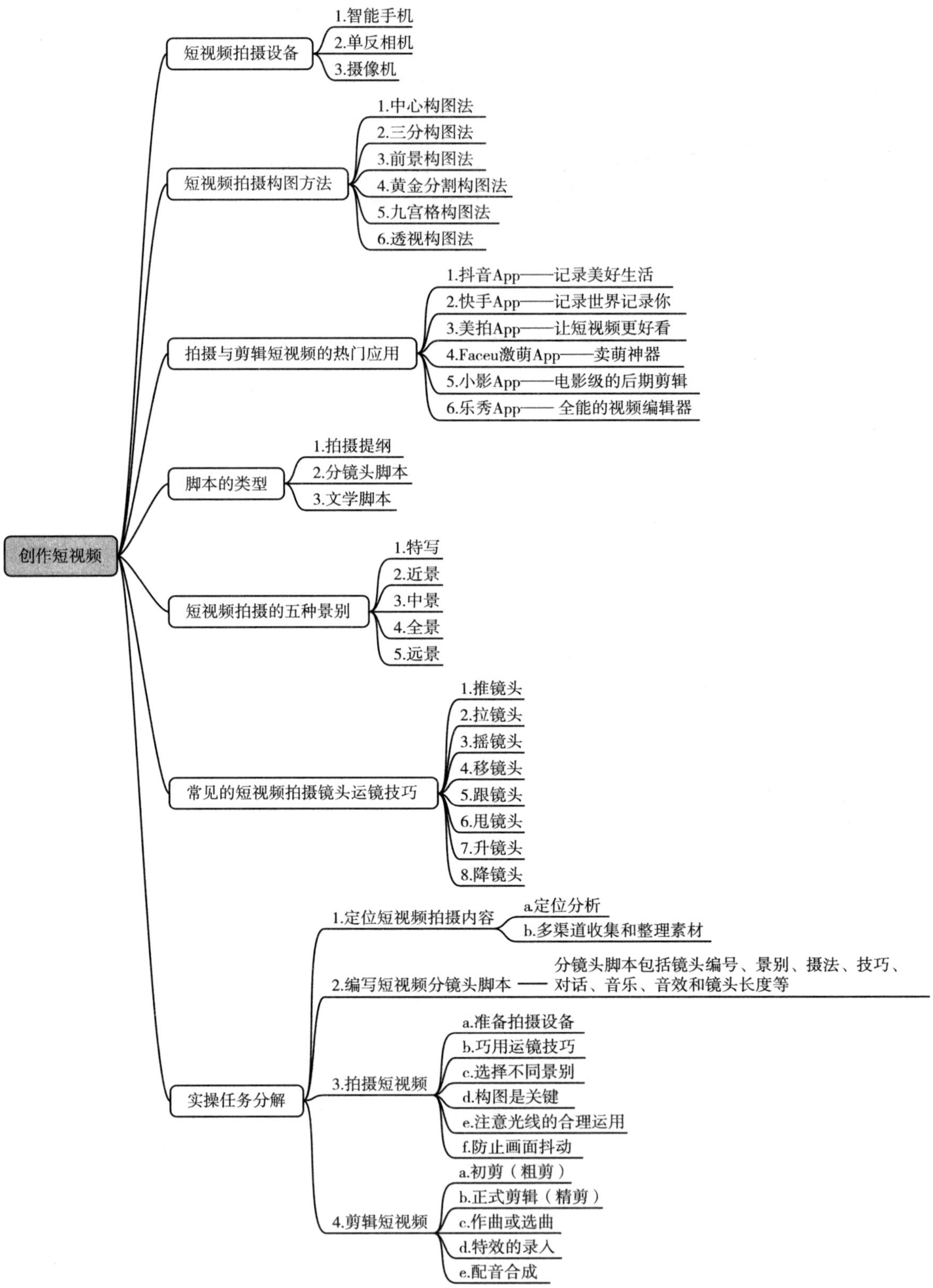
创作短视频
短视频拍摄设备
1.智能手机
2.单反相机
3.摄像机
短视频拍摄构图方法
1.中心构图法
2.三分构图法
3.前景构图法
4.黄金分割构图法
5.九宫格构图法
6.透视构图法
拍摄与剪辑短视频的热门应用
1.抖音App——记录美好生活
2.快手App——记录世界记录你
3.美拍App——让短视频更好看
4.Faceu激萌App——卖萌神器
5.小影App——电影级的后期剪辑
6.乐秀App—— 全能的视频编辑器
脚本的类型
1.拍摄提纲
2.分镜头脚本
3.文学脚本
短视频拍摄的五种景别
1.特写
2.近景
3.中景
4.全景
5.远景
常见的短视频拍摄镜头运镜技巧
1.推镜头
2.拉镜头
3.摇镜头
4.移镜头
5.跟镜头
6.甩镜头
7.升镜头
8.降镜头
实操任务分解
1.定位短视频拍摄内容
a.定位分析
b.多渠道收集和整理素材
2.编写短视频分镜头脚本
分镜头脚本包括镜头编号、景别、摄法、技巧、对话、音乐、音效和镜头长度等
3.拍摄短视频
a.准备拍摄设备
b.巧用运镜技巧
c.选择不同景别
d.构图是关键
e.注意光线的合理运用
f.防止画面抖动
4.剪辑短视频
a.初剪（粗剪）
b.正式剪辑（精剪）
c.作曲或选曲
d.特效的录入
e.配音合成

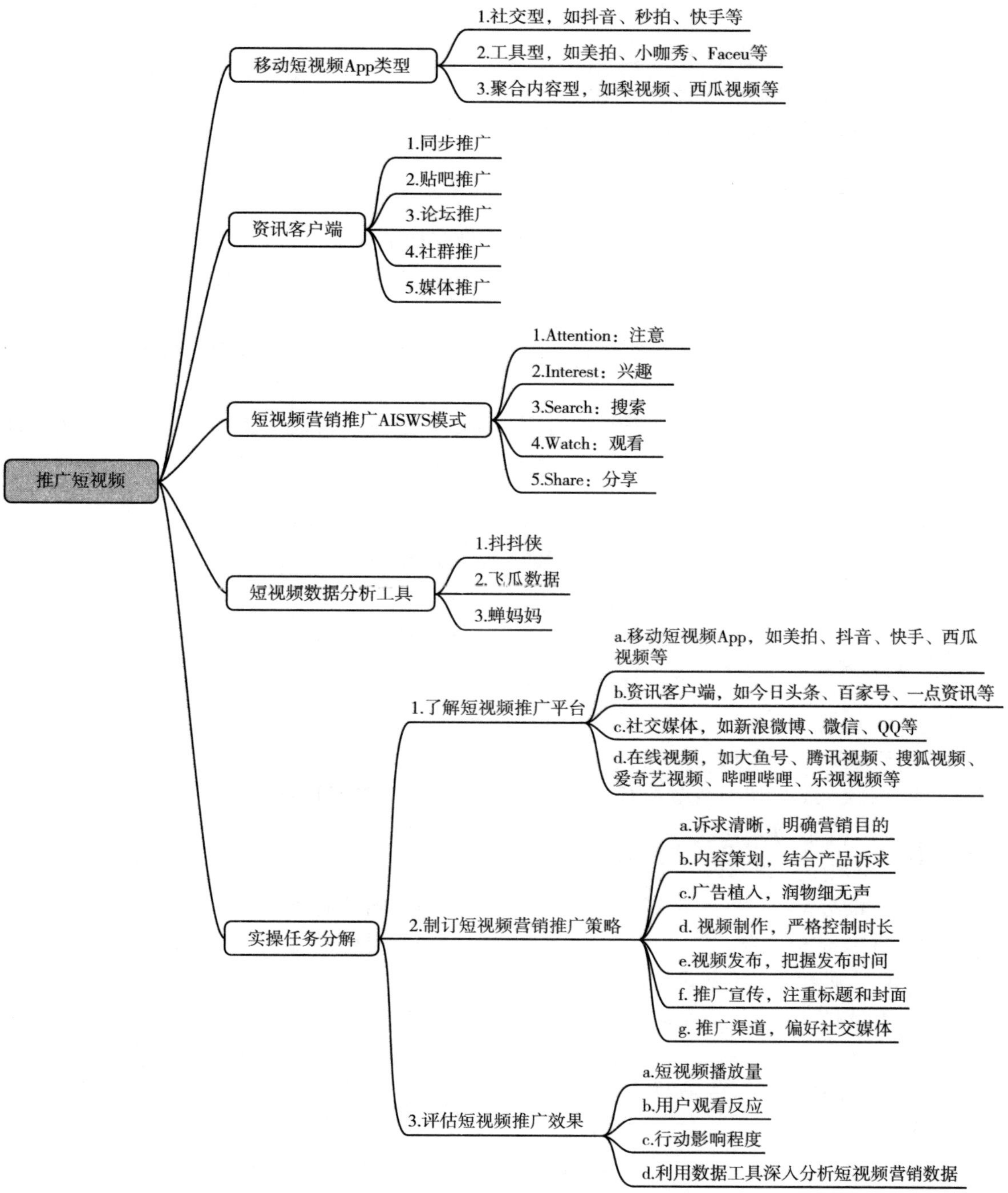

二、重点难点

重点：

- 短视频营销的推广策略
- 构思并编写短视频分镜头脚本
- 短视频拍摄的运镜技巧
- 用 App 或软件剪辑短视频

难点：

- 用手机拍摄优质短视频
- 根据推广要求制定短视频营销推广策略
- 利用数据分析网站进行短视频推广效果评估

三、学习准备

在项目七“短视频营销”学习前，学习者应做好如下准备：

1. 提前了解目前主流短视频推广平台，如微信、抖音、快手、今日头条、小红书、腾讯视频等并下载相关 App；

2. 提前搜索有关拍摄短视频的相关公众号，关注并学习相关的景别、构图、运镜技巧等内容；

3. 在手机或者电脑上下载视频剪辑软件，如绘声绘影、剪映、美拍、小影等，并尝试自学。

第二部分　同步练习

一、基础夯实

（一）单选题

1. 关于短视频的特征，描述错误的是（　　）。

A. 内容节奏较快，情节相对完整　　B. 制作门槛低

C. 网络平台分享便捷　　D. 时长短，一般在 5 分钟以内

2. 以下不属于短视频内容主题的是（　　）。

A. 技能分享　　B. 幽默搞怪

C. 直播带货　　D. 时尚潮流

3. 以下不属于短视频格式的是（　　）

A. WMV　　B. PSD

C. AVI　　D. MOV

4. “专业生产内容”的缩写是（　　）。

A. PGC　　B. UGC

C. OGC　　D. EGC

5. 拥有更多、更准确的产品信息，且为相关群体所接受或信任，并对该群体的购买行为有较大影响的人，称为（　　）。

A. MCN　　B. KOL

C. UGC　　D. PGC

6. 以下不属于影视短视频类型的是（　　）。

A. 盘点　　B. 公益教育

C. 混剪　　D. 影视解说

7. 短视频营销是以互联网为重要载体，以（　　）为基本工具，内容丰富、无所不包，通过宣传品牌、产品及服务达到变现盈利的目的。

A. 微信公众号　　B. 抖音
C. 短视频　　D. 快手

8. 综艺节目制作内容、传统视频属于（　　）。

A. UGC　　B. EGC
C. OGC　　D. PGC

9. （　　）的区别是内容创作者有无专业的学识、资质。

A. UGC 和 PGC　　B. PGC 和 OGC
C. OGC 和 UGC　　D. UGC 和 KOL

10. （　　）是以职业为前提，其创作内容属于职务行为。

A. OGC　　B. PGC
C. UGC　　D. MCN

11. 以下不属于短视频和直播的区别的是（　　）。

A. 传播性　　B. 互动性和即时性
C. 分享性　　D. 平台的商业操作空间

12. 以下不属于优质短视频特征的是（　　）。

A. 标题有创意　　B. 内容有价值
C. 背景音乐新颖　　D. 视频画质清晰

13. 以下不属于短视频变现模式的是（　　）。

A. 广告　　B. 电商导购
C. 会员收费　　D. 品牌植入

14. 以下不属于直播的变现模式的是（　　）。

A. 打赏　　B. 广告植入
C. 电商导购　　D. 品牌植入

15. （　　）的传播周期长、传播维护成本低，但互动性和即时性较弱。

A. 短视频　　B. 直播
C. 微信营销　　D. 百度营销

16. （　　）是视频博客或是视频网络日志，是博客的一个分类。

A. Vlog　　B. OGC
C. PGC　　D. blog

17. 以下不属于短视频营销特征的是（　　）。

A. 互动性强　　B. 成本低
C. 目标受众精准　　D. 传播周期短

18. （　　）不属于短视频的发展前景。

A. 大众化　　B. 社会化
C. 普及化　　D. 专业化

19. 优质短视频的制作需要借助（　　）的团队。

A. 大众化　　B. 社会化

C. 个性化　　D. 专业化

20. 智能手机的普及，各种短视频剪辑 App 的研发使得短视频营销具备（　　）的优势。

A. 成本低　　B. 互动性强

C. 个性化　　D. 传播周期短

21. （　　）又称为井字形构图法，是黄金分割法的简化版。

A. 三分构图法　　B. 九宫格构图法

C. 透视构图法　　D. 中心构图法

（二）多选题

1. 以下属于短视频类型的有（　　）。

A. 网络视频广告　　B. 宣传片

C. 品牌活动　　D. 系列短片

2. 以下属于常见短视频内容主题的有（　　）。

A. 商业定制　　B. 广告创意

C. 街头采访　　D. 公益教育

3. 以下属于短视频特征的有（　　）。

A. 时长短　　B. 门槛低

C. 分享便捷　　D. 传播速度慢

4. 常见的宣传片类型有（　　）。

A. 企业宣传片　　B. 产品宣传片

C. 招商宣传片　　D. 公益宣传片

5. （　　）总结了短视频的发展前景。

A. 大众化　　B. 成本低

C. 社会化　　D. 专业化

6. （　　）是短视频营销具备的优势。

A. 互动性强　　B. 成本低

C. 传播周期短　　D. 目标受众精准

7. 优质短视频具备的特征有（　　）。

A. 标题有创意或亮点　　B. 内容有价值趣味

C. 视频画质清晰　　D. 配乐节奏恰当

8. 短视频多维度包装可以在（　　）等方面进行精雕细琢。

A. 编剧　　B. 拍摄

C. 表演　　D. 剪辑

9. （　　）是常见的短视频拍摄设备。

A. 智能手机　　B. 单反相机

C. 台式电脑　　D. 摄像机

10. 短视频拍摄的构图方法有（　　）。

A. 中心构图法　　B. 三分构图法
C. 九宫格构图法　　D. 背景构图法

11. 下列 App 具有剪辑功能的有（　　）。
A. 抖音　　B. 小影
C. 乐秀　　D. 激萌

12. 脚本的类型有（　　）。
A. 拍摄提纲　　B. 分镜头脚本
C. 文学脚本　　D. 文学剧本

13. （　　）属于短视频拍摄的景别。
A. 特写　　B. 中景
C. 近景　　D. 远景

14. （　　）属于拍摄镜头运镜技巧。
A. 推镜头　　B. 拉镜头
C. 跟镜头　　D. 甩镜头

15. 常见的视频剪辑工具有（　　）。
A. 快剪辑　　B. 爱剪辑
C. 会剪辑　　D. 会声会影

16. 创作短视频的主要步骤包括（　　）。
A. 定位短视频拍摄内容　　B. 编写短视频分镜头脚本
C. 拍摄短视频　　D. 剪辑短视频

（三）简答题

1. 什么是短视频？

2. 短视频的特征是什么？

3. 短视频的类型有哪些？

4. UGC、PGC、OGC 的区别是什么？

5. 短视频拍摄构图方法有哪些？

6. 短视频拍摄的景别有哪些？

7. 短视频拍摄的运镜技巧有哪些？

8. 移动短视频 App 的类型有哪些，分别有哪些特征？

二、技能提升

1. 短视频和直播有什么区别？

2. 一个优质的短视频应该包含哪些特点？

3. 如何进行短视频创作之前的定位分析？

4. 短视频创作之前可以从哪些渠道收集素材？

5. 如何确定脚本类型？什么是分镜头脚本？它具有什么作用？

6. 拍摄短视频有哪些技巧和注意事项？

三、思考讨论

1. 通过不同渠道收集当前的热门话题，思考结合热门话题可以拍摄什么主题的短视频？

2. 寻找一个热门的短视频，分析这个短视频的主题是什么？为什么能快速从自媒体传播开来？

项目八

其他方式网络营销

第一部分　学习指导

一、知识归纳

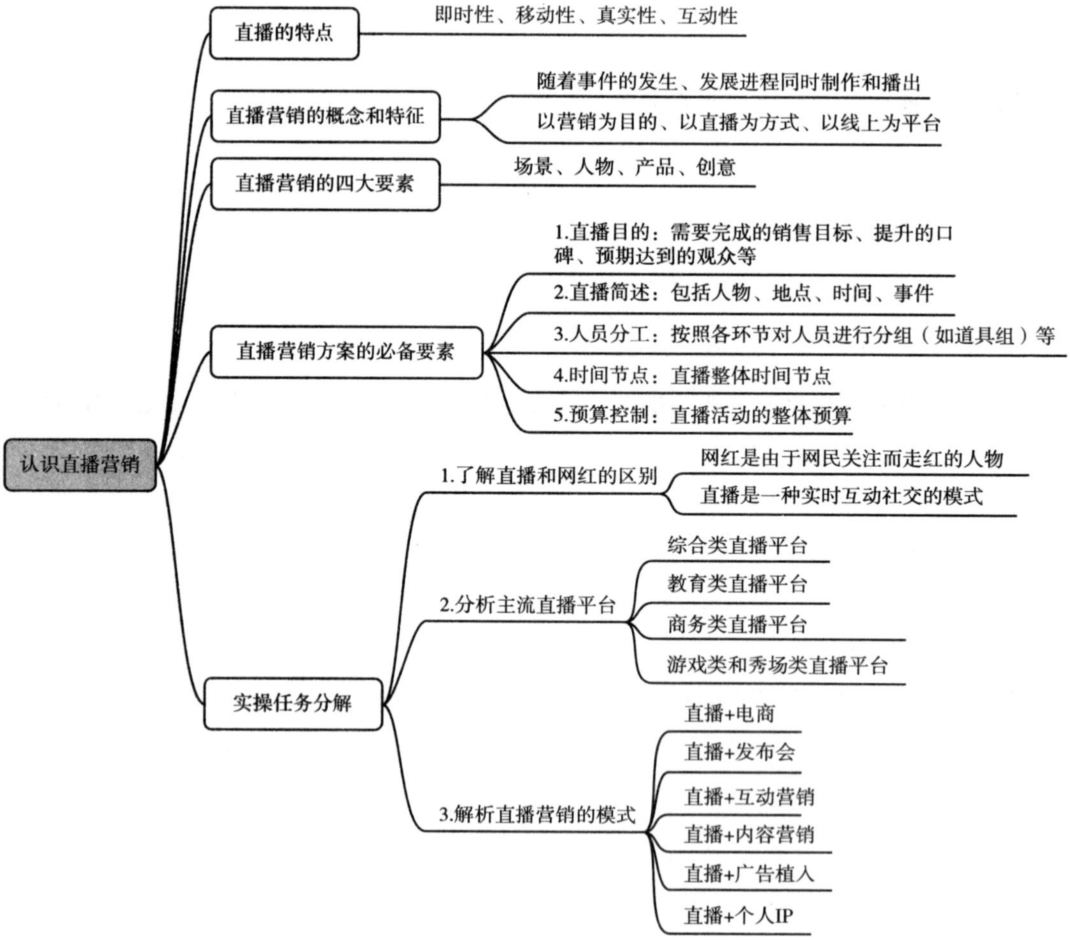

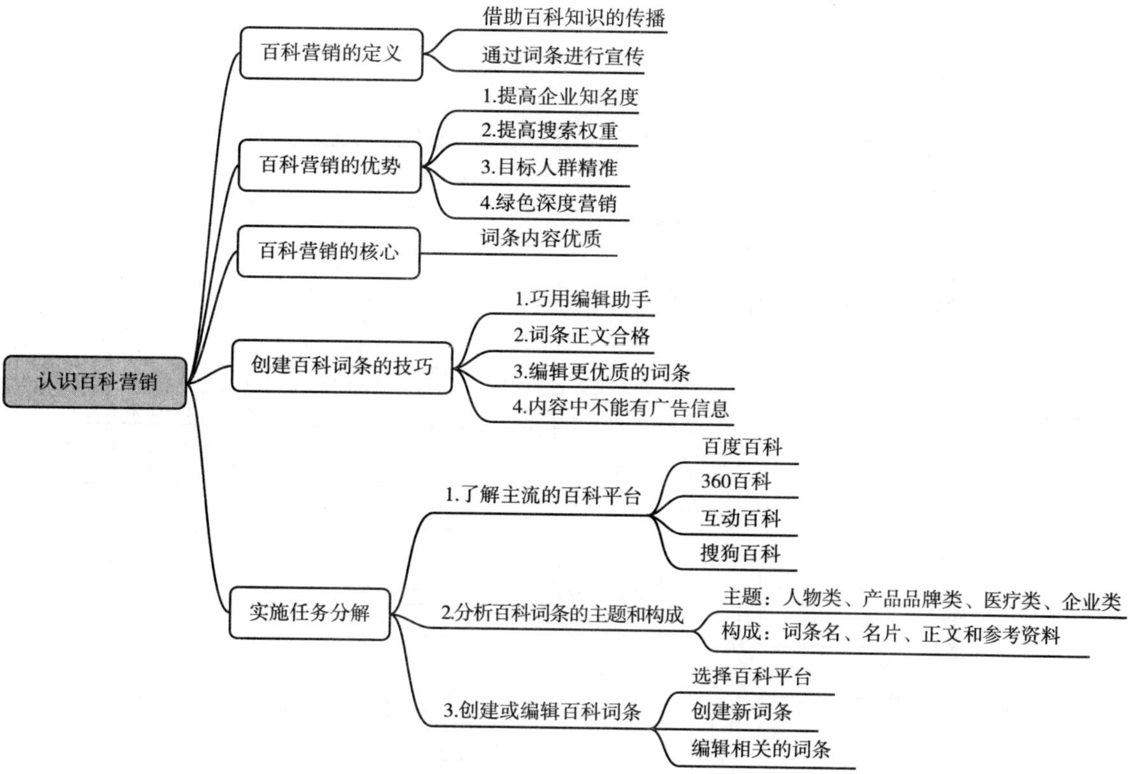
认识百科营销
百科营销的定义
借助百科知识的传播
通过词条进行宣传
百科营销的优势
1.提高企业知名度
2.提高搜索权重
3.目标人群精准
4.绿色深度营销
百科营销的核心
词条内容优质
创建百科词条的技巧
1.巧用编辑助手
2.词条正文合格
3.编辑更优质的词条
4.内容中不能有广告信息
实施任务分解
1.了解主流的百科平台
百度百科
360百科
互动百科
搜狗百科
2.分析百科词条的主题和构成
主题：人物类、产品品牌类、医疗类、企业类
构成：词条名、名片、正文和参考资料
3.创建或编辑百科词条
选择百科平台
创建新词条
编辑相关的词条

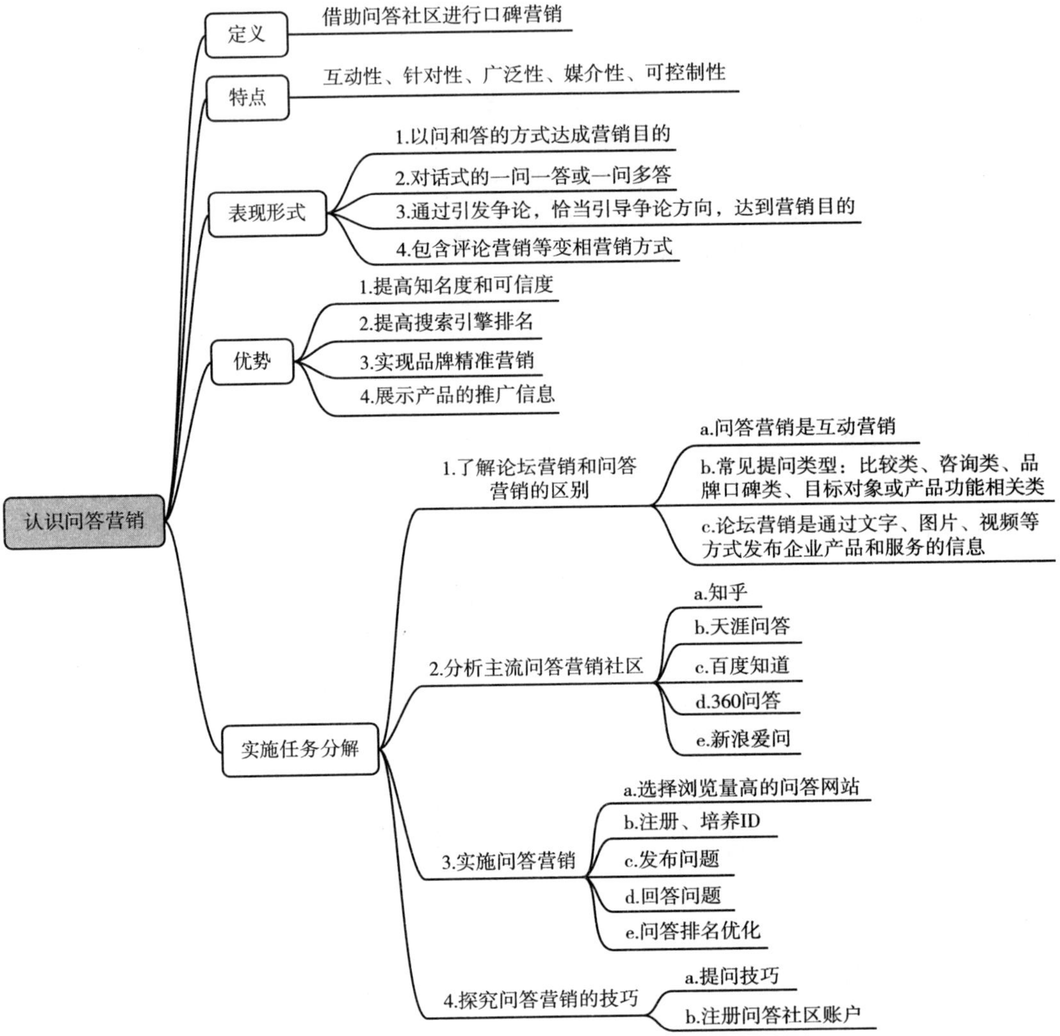
认识问答营销
定义
借助问答社区进行口碑营销
特点
互动性、针对性、广泛性、媒介性、可控制性
表现形式
1.以问和答的方式达成营销目的
2.对话式的一问一答或一问多答
3.通过引发争论，恰当引导争论方向，达到营销目的
4.包含评论营销等变相营销方式
优势
1.提高知名度和可信度
2.提高搜索引擎排名
3.实现品牌精准营销
4.展示产品的推广信息
实施任务分解
1.了解论坛营销和问答营销的区别
a.问答营销是互动营销
b.常见提问类型：比较类、咨询类、品牌口碑类、目标对象或产品功能相关类
c.论坛营销是通过文字、图片、视频等方式发布企业产品和服务的信息
2.分析主流问答营销社区
a.知乎
b.天涯问答
c.百度知道
d.360问答
e.新浪爱问
3.实施问答营销
a.选择浏览量高的问答网站
b.注册、培养ID
c.发布问题
d.回答问题
e.问答排名优化
4.探究问答营销的技巧
a.提问技巧
b.注册问答社区账户

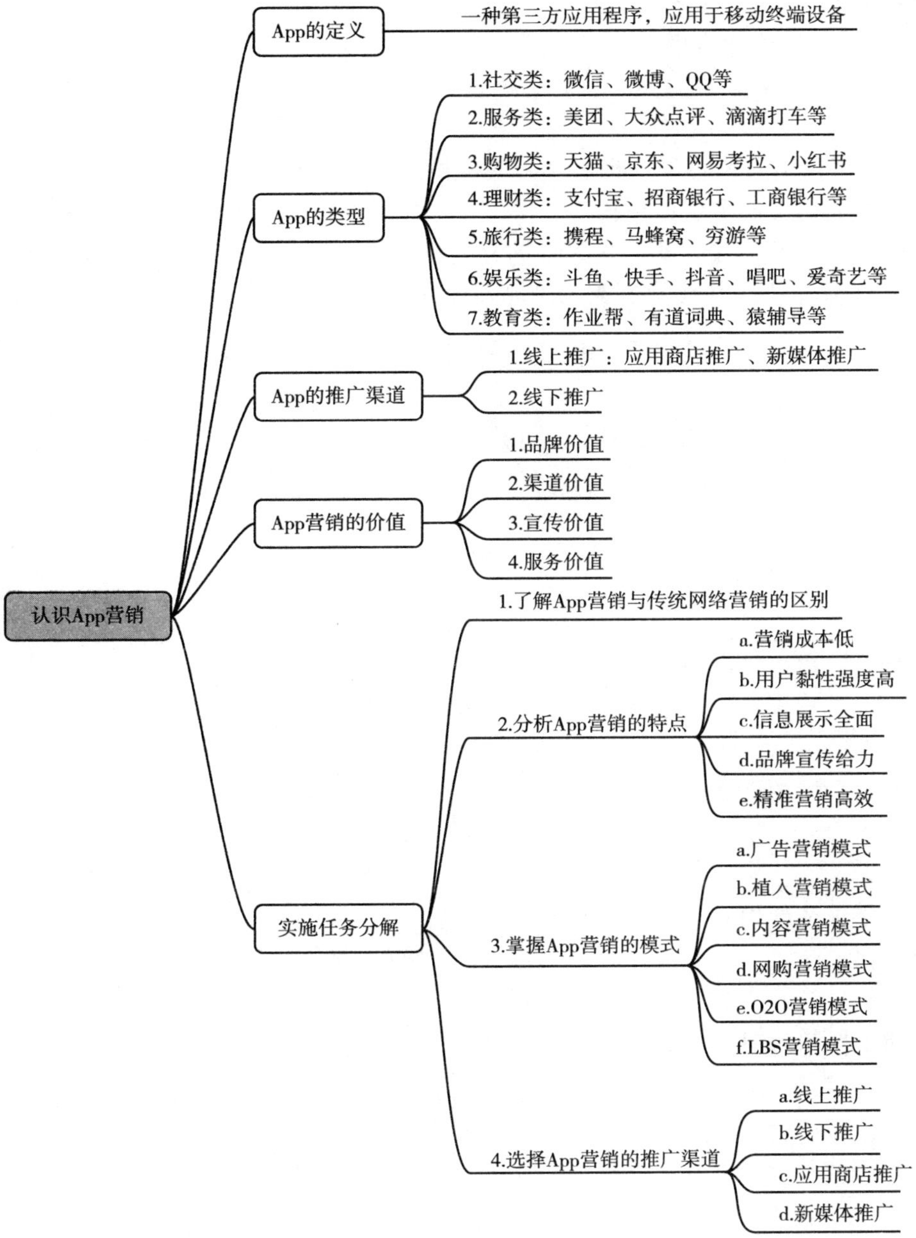

二、重点难点

重点：

- 直播营销的四大要素
- 直播营销的模式，策划直播活动
- App 营销的模式，根据推广要求策划 App 线下推广方案

难点：

- 策划百科营销实施方案

- 策划直播活动方案
- 如何在网络营销中融入创新精神

三、学习准备

在项目八“其他方式网络营销”学习前，学习者应做好如下准备：

1. 提前了解目前直播的主流平台，如抖音、快手等，并下载相关 App；
2. 提前了解手机应用市场，并尝试了解 App 的分类；
3. 在手机上下载直播软件或其他问答类的 App，如知乎、百度，并尝试到平台中去搜索感兴趣的信息。

第二部分　同步练习

一、基础夯实

（一）单选题

1. 关于直播的特点，描述错误的是（　　）。

A. 移动性　　B. 真实性
C. 互动性　　D. 延时性

2. 以下不属于直播营销的要素的是（　　）。

A. 道具　　B. 场景
C. 产品　　D. 创意

3. 以下不属于直播简述的内容的是（　　）。

A. 人物　　B. 时间
C. 任务　　D. 地点

4. （　　）直播主要是为中小企业提供商务活动服务。

A. A 端　　B. B 端
C. C 端　　D. D 端

5. 直播是一种新的信息传递媒体，也是一种（　　）社交的模式。

A. 实时单向　　B. 实时互动
C. 双向流通　　D. 单向流通

6. 微博女王姚晨是属于（　　）时期的网络红人，经常为他人提供信息的 KOL。

A. 1.0　　B. 2.0
C. 3.0　　D. 4.0

7. （　　）属于网络红人 IP 时代的代表人物。

A. 跨年演讲的罗胖　　B. 叫兽易小星
C. 微博女王姚晨　　D. 安妮宝贝

8. 千聊、沪江 cctalk、荔枝微课属于（　　）直播平台。

A. 综合类　　B. 商务类

C. 教育类　　D. 秀场类

9. (　　) 平台的公信力和权威性最高，也被认为是互联网上“定义媒体”。

A. 新闻　　B. 论坛

C. 博客　　D. 百科

10. 词条 (　　) 是百科营销的核心。

A. 数量多　　B. 内容优质

C. 名称规范　　D. 要求高

11. “世界很复杂，百度更懂你”是 (　　) 的广告语。

A. 搜狗百科　　B. 360 百科

C. 百度百科　　D. 互动百科

12. 以下不属于百科营销的优势的是 (　　)。

A. 目标人群广泛　　B. 绿色深度营销

C. 提升企业知名度　　D. 提高搜索权重

13. 百科是用户共同参与编写的网络百科全书，但词条的修改有权限，用户等级达到 (　　) 级才可以进行词条编辑。

A. 2　　B. 3

C. 4　　D. 5

14. 政治家、明星、教师、企业家、运动员等属于 (　　) 主题的词条。

A. 企业类　　B. 医疗类

C. 产品品牌类　　D. 人物类

15. (　　) 的权威性比较高，审核较为严格，用户最多，收集的词条也比其他百科更合理。

A. 360 百科　　B. 百度百科

C. 互动百科　　D. 搜狗百科

16. (　　) 不是问答营销的特点。

A. 互动性　　B. 针对性

C. 权威性　　D. 可控制性

17. 以下不属于问答营销的优势的是 (　　)。

A. 提高知名度和可信度　　B. 绿色深度营销

C. 实现品牌精准营销　　D. 提高搜索引擎排名

18. 以下不属于主流问答营销社区的是 (　　)。

A. 百度知道　　B. 天涯问答

C. 360 问答　　D. 互动问答

19. (　　) 是借助互联网为用户提供定位和终端服务的一种营销方式。

A. LBS 营销　　B. O2O 营销

C. 位置营销　　D. 网购营销

20. 以下不属于 App 营销的特点的是 (　　)

A. 营销成本较低　　B. 品牌宣传给力

C. 精准营销高效　　D. 营销互动性弱

（二）多选题

1. 以下属于直播特点的有（　　）。
   A. 即时性　　B. 移动性
   C. 真实性　　D. 互动性
2. 以下属于直播营销要素的有（　　）。
   A. 场景　　B. 人物
   C. 产品　　D. 创意
3. 以下属于直播营销方案的必备要素的有（　　）。
   A. 直播目的　　B. 直播简述
   C. 人员分工　　D. 预算控制
4. 以下属于商务类直播平台的有（　　）。
   A. 脉脉直播　　B. 斗鱼直播
   C. 京东直播　　D. 微吼直播
5. 以下属于百科营销的优势的有（　　）。
   A. 目标人群精准　　B. 提升企业知名度
   C. 提高搜索引擎排名　　D. 提高搜索权重
6. 以下属于分类百科的有（　　）。
   A. 商业百科　　B. 百度百科
   C. 互动百科　　D. 军事百科
7. 百度百科词条的主题有（　　）。
   A. 人物类词条　　B. 医疗类词条
   C. 企业类词条　　D. 产品品牌类词条
8. 问答营销的特点有（　　）。
   A. 互动性　　B. 针对性
   C. 可控制性　　D. 媒介性
9. 常见的问答营销社区有（　　）。
   A. 知乎　　B. 天涯问答
   C. 百度知道　　D. 360 问答
10. 常见的 App 商店有（　　）。
    A. App Store　　B. The Android App Store
    C. BlackBerry App Word　　D. 微软的应用商城
11. 实施问答营销的步骤主要包括（　　）。
    A. 选择浏览量高的问答网站　　B. 注册、培养 ID
    C. 发布问题　　D. 回答问题并优化
12. 常见的 App 的类型有（　　）。
    A. 社交类　　B. 旅行类
    C. 理财类　　D. 教育类
13. App 营销的价值有（　　）。

A. 品牌价值　　B. 服务价值

C. 渠道价值　　D. 宣传价值

14. 以下属于 App 营销的特点的有（　　）。

A. 营销成本较低　　B. 用户黏性强度高

C. 品牌宣传给力　　D. 精准营销高效

15. 常见的 App 营销的模式包括（　　）。

A. 广告营销模式　　B. 植入营销模式

C. 内容营销模式　　D. 网购营销模式

16. App 营销的推广渠道有（　　）。

A. 线上推广　　B. 线下推广

C. 应用商店推广　　D. 新媒体推广

（三）简答题

1. 什么是直播营销？直播营销包含哪几大要素？

2. 直播营销方案的必备要素是什么？

3. 主流的直播平台有哪些？

4. 百科营销的优势有哪些？

5. 主流的问答营销社区有哪些？

6. 常见的 App 营销的模式有哪些？

7. App 营销具有哪些特点？

二、技能提升

1. 直播营销的模式有哪些？

2. 以百度百科为例，如何实施百科营销？

3. 如何实施问答营销？

4. 开展问答营销时的提问技巧有哪些？

5. App 营销与传统网络营销的区别是什么？

三、思考讨论

1. 寻找一个近期比较热门的直播活动，进行直播复盘，从直播营销的四大要素分析该场直播活动哪些地方值得优化？

2. 注册百度百科的账户，并搜索某一词条，从词条中查看广告植入的位置，并思考这样的植入是否合适？

3. 请尝试下载美团、咕咚、携程、滴滴出行等不同类型的 App，分析这些 App 是如何实施 LBS 营销的？

项 目 九

网络营销策划

第一部分　学习指导

一、知识归纳

- 选择网络营销产品
  - 网络营销产品
    - 1.核心产品：消费者所期望的通过交易得到的最为核心或最为基本的效用
    - 2.形式产品：核心产品的物质载体，产品的基本效用通过形式产品的物质形态反映与体现出来
    - 3.期望产品：消费者在购买产品前对所购产品的期望值
    - 4.延伸产品：产品的生产者或经营者为消费者提供的附加服务
    - 5.潜在产品：由企业提供的、延伸产品之外的、能满足消费者潜在需求的产品
  - 网络营销产品的分类
    - 1.实体产品：具有物理形状的物质产品
    - 2.虚体产品：一般是无形的，即便表现出一定形态也是通过其载体体现出来
  - 实训任务分解
    - 1.开发新产品策略
      - a.非连续性创新策略：开发一种前所未有的新产品
      - b.连续性创新策略：在已有新产品基础上连续推出一系列新产品，采用一种品牌命名，形成新的产品线
      - c.增加花色品种策略：这种策略是对现有产品增加花色品种，只是对产品线的延伸
      - d.改进或调整策略：对现有产品的改进或调整而形成一种新产品，也可以用来替代旧产品
      - e.重新定位策略：将现有产品定位于新的目标市场，或者宣传和推广产品的新用途
      - f.低价格推出策略：用低价与现存品牌展开竞争，以价格上的优势抢占市场
    - 2.选择网络产品组合
      - a.收缩策略：企业减少经营的产品种类，缩小经营范围
      - b.扩张策略：企业增加经营的产品种类，扩大经营范围
      - c.高档化策略：针对消费能力强的富裕阶层，增加高档产品，以提高企业整体形象
      - d.低档化策略：增加价格较低的产品，吸引普通消费者，以扩大企业生产规模
    - 3.塑造网络品牌
      - 第一阶段：品牌传播
      - 第二阶段：口碑传播
      - 第三阶段：精准营销

- **制订网络营销价格**
  - 影响价格的主要因素
    - 1.成本：从长期来看，价格一般都要高于成本
    - 2.市场需求：当商品的市场需求大于供给时，价格应高一些；当商品的市场需求小于供给时，价格应低一些
    - 3.竞争因素：在企业竞争的市场中，价格是由众多买者和卖者共同作用的结果。制定价格时，要考虑市场整体行情
    - 4.其他因素：产品的生命周期、线上线下商品价格的协调、淘宝或者拍拍等交易平台的某些规定、国家相关法律法规及税收政策的规定等
  - 定价目标
    - 1.生存目标：企业以生存作为产品或服务定价的首选目标，暂时不考虑赢利和发展
    - 2.利润最大化目标：企业根据当前市场需求和供给状况，结合企业的产品优势和市场竞争优势，选择以利润最大化作为定价目标
    - 3.市场占有率最大化目标：产品定价以能否增加市场份额为考虑因素，实现企业扩大市场占有率的目标
    - 4.产品质量最优目标：企业的产品定价以产品质量为基础，并有利于提高产品质量
    - 5.应对和防止竞争目标：根据企业实力和行业地位采取不同的定价策略
  - 实训任务分解
    - 选择定价方法
      - 1.成本导向定价法：以产品单位成本为基本依据，再加上预期利润来确定价格
      - 2.需求导向定价法：企业根据市场需求状况和消费者的不同反应，分别确定产品价格
      - 3.竞争导向定价法：参照竞争对手的产品价格来定价
    - 选择网络营销定价策略
      - 1.个性化定价策略：利用网络互动性和消费者的个性化需求来确定商品价格
      - 2.低价定价策略：主要包括直接低价、折扣低价和促销低价三种策略
      - 3.免费定价策略：企业产品或服务以零价格或近乎零价格提供给顾客
      - 4.拍卖定价策略：商品起始价格非常低，经过一番争夺后，其价格便会无限制地上涨
      - 5.使用定价：顾客无须完全购买就可以直接使用企业的产品或服务，企业按顾客使用产品数量或接受服务的次数进行计费
      - 6.心理定价策略：企业根据消费者的不同心理需求和对不同价格的心理感受制定价格

- **设计网络营销渠道**
  - 网络营销渠道的功能
    - 含义：借助互联网将产品从生产者转移到消费者的所有中间环节
    - 功能：
      - 1.订货交易功能
      - 2.支付结算功能
      - 3.物流配送功能
  - 实训任务分解
    - 1.认识网络营销渠道
      - a.网络直接营销渠道：生产企业不通过中间商，直接利用自己的营销网站与消费者进行商品交换
      - b.网络间接营销渠道：生产企业通过网络中间商或网络交易平台，把产品销售给最终用户
    - 2.选择网络营销渠道
      - a.产品因素
      - b.市场因素
      - c.企业自身因素
      - d.中间商因素
      - e.市场环境因素

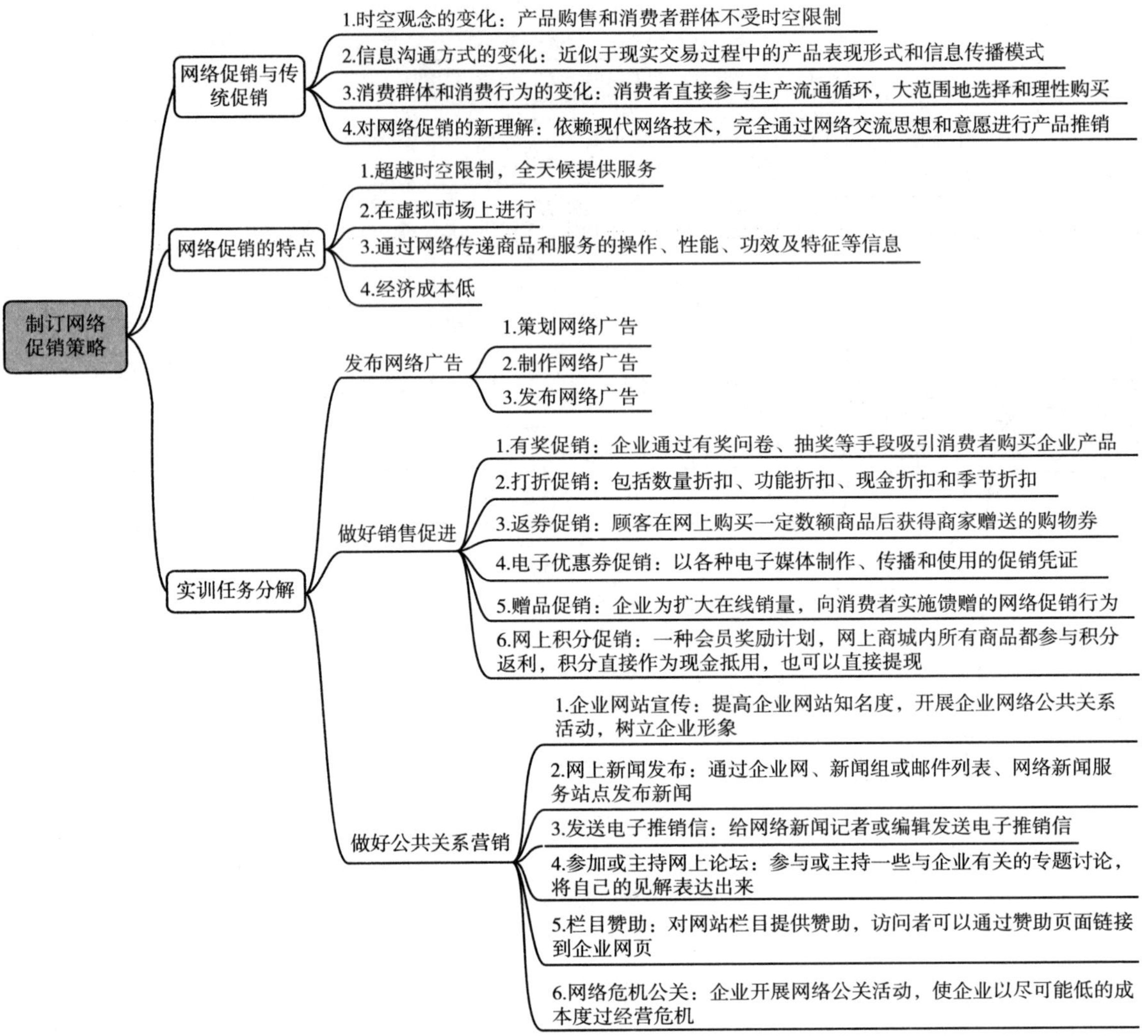

二、重点难点

重点：

- 网络营销产品组合策略
- 网络营销产品定价的方法
- 网络直接营销渠道与网络间接营销渠道的不同

难点：

- 正确运用产品组合策略，进而为产品选择合适的网络分销渠道
- 运用网络广告、公共关系营销等方式开展促销活动

三、学习准备

在学习本项目之前，学习者应做好如下准备：

1. 去微信朋友圈浏览企业商家或自主营业者发布的广告、产品促销信息；
2. 去天猫、京东、小米商城等网络购物平台，搜集 3 ~ 5 类商品的价格，并比较同类产品的价格高低；

3. 开展网络市场调研，搜集天猫、京东和小米商城等网络购物平台策划的网络促销活动。

第二部分　思考与练习

一、基础夯实

（一）单选题

1. 目标市场消费者所期望的无差别利益指的是（　　）。

A. 核心产品　　B. 形式产品

C. 期望产品　　D. 潜在产品

2. 2022 年 10 月，蚂蚁链推出了中国国家博物馆的四羊青铜方尊等文物的数字藏品。数字藏品属于（　　）。

A. 形式产品　　B. 延伸产品

C. 实体产品　　D. 虚体产品

3. 自 2022 年 11 月发布以来，新型聊天机器人模型 ChatGPT 已被用于各种工作场景。ChatGPT 的开发属于新产品开发策略中的（　　）。

A. 连续性创新策略　　B. 非连续性创新策略

C. 增加花色品种策略　　D. 改进或调整策略

4. GPT－4 是 ChatGPT 的升级版，支持图像和文本的输入，并生成文本结果。这属于新产品开发策略中的（　　）。

A. 连续性创新策略　　B. 非连续性创新策略

C. 增加花色品种策略　　D. 改进或调整策略

5. 传统品牌在互联网上延伸而形成的网络品牌，其产品可以是数字化产品，也可以是实体产品。此网络品牌类型是（　　）。

A. 纯网络品牌　　B. 不完全网络品牌

C. 完全网络品牌　　D. “伪”网络品牌

6. 拼多多采取低价促销方式扩大销售额，希望在最短的时间内占领市场。拼多多采用的定价目标是（　　）。

A. 生存目标　　B. 利润最大化目标

C. 市场占有率最大化目标　　D. 应对和防止竞争目标

7. 企业根据市场需求状况和消费者的不同反应，分别确定产品价格的一种定价方式，这种定价方法是（　　）。

A. 成本导向定价法　　B. 竞争导向定价法

C. 跟随定价法　　D. 需求导向定价法

8. “帆书”App 新用户注册后，可以免费体验 7 天，7 天后如果继续使用，则需要充值 VIP。这属于哪种免费定价策略？（　　）

A. 完全免费　　B. 部分免费
C. 限制免费　　D. 不完全免费

9. 各大购物平台随处可见“9.9 元”“19.9 元”的商品，这是采用的哪种心理定价策略？（　　）

A. 尾数定价　　B. 声望定价
C. 整数定价　　D. 分割定价

10. 下列选项中，属于网络间接渠道优点的是（　　）。

A. 企业能够利用网络工具直接联系消费者，及时了解用户对产品的愿望和需要
B. 网络直接营销降低了企业的营销
C. 可以解决“拿钱不给货”或者“拿货不给钱”的问题，从而大大降低了买卖双方的风险，确保了双方的利益
D. 信息资料的充实有待于更多的企业、商家和消费者参与

11. 网络营销渠道的选择受到多种因素的影响，下列选项中，属于产品因素的是（　　）。

A. 竞争状况　　B. 中间商的上货条件
C. 新产品　　D. 竞争状况

12. 网络消费者直接参与生产和商业流通的循环，大范围地选择和理性地购买，这体现的网络促销与传统促销不同是（　　）。

A. 信息沟通方式的变化　　B. 消费群体和消费行为的变化
C. 时空观念的变化　　D. 对网络促销的新理解

13. 微博的转发、朋友圈点赞，体现了信息流广告优势中的（　　）。

A. 传播范围广　　B. 用户体验好
C. 用户精准　　D. 形式丰富

14. 鸿盛电商公司根据公司产品及服务的内容、特点，确定关键词，撰写广告内容并自主定价投放广告。鸿盛公司的该业务是（　　）。

A. SEO　　B. SEM
C. SEA　　D. CPC

15. 网上促销形式有很多种，“砸金蛋抽大奖”属于（　　）。

A. 有奖促销　　B. 打折促销
C. 返券促销　　D. 电子优惠券促销

16. 买麦当劳指定套餐，赠送“可口可乐杯”一个，采用的网上销售促进的形式是（　　）。

A. 有奖促销　　B. 打折促销
C. 网上积分促销　　D. 赠品促销

17. 某品牌赞助了某档综艺节目，旨在呼吁更多有社会责任感的企业和爱心人士加入公益行动中，回馈社会，为中国公益事业贡献更大的力量。采用的公共关系营销方式是（　　）。

A. 企业网站宣传　　B. 网上新闻发布
C. 发送电子推销信　　D. 栏目赞助

18. 某品牌因产品质量问题遭到投诉，引发热议。发微博公开道歉，但被质疑缺乏诚意，遭围攻及网友刷差评。体现的公共关系营销方式是（　　）。

A. 企业网站宣传　　B. 网上新闻发布

C. 网络危机公关　　D. 栏目赞助

（二）多选题

1. 网络营销产品概念的层次包括（　　）。

A. 核心产品　　B. 期望产品

C. 延伸产品　　D. 形式产品

2. 下列选项中，属于虚体产品的有（　　）。

A. 数字商品　　B. 在线服务

C. 核心产品　　D. 有形产品

3. 新品牌塑造过程中，在品牌传播阶段可采用的推广方式有（　　）。

A. 搜索引擎营销　　B. 搜索引擎优化

C. 新闻公关传播　　D. 软文推广

4. 下列选项中，属于新品牌塑造过程环节的有（　　）。

A. 品牌传播　　B. 口碑传播

C. 精准营销　　D. 发布网络广告

5. 影响价格的主要因素有（　　）。

A. 成本　　B. 市场需求

C. 竞争因素　　D. 信息流广告推广

6. 成本是企业制定网上价格时不容忽视的问题，网络化建设成本包括（　　）。

A. 网络硬件及相关软件成本　　B. 网络维护成本

C. 顾客服务成本　　D. 物流配送成本

7. 下列选项中，属于竞争导向定价法的有（　　）。

A. 跟随法　　B. 高价法

C. 低价法　　D. 成本导向定价法

8. 在网络营销定价策略中，低价定价策略包括（　　）。

A. 直接低价策略　　B. 折扣低价策略

C. 促销低价策略　　D. 完全免费策略

9. 关于尾数定价策略，下列说法正确的有（　　）。

A. 满足消费者的高消费心理

B. 产品质量不易鉴别、产品成本不易估算的产品适合采用

C. 用以满足消费者的求实消费心理，使之感到商品物美价廉

D. 对于需求价格弹性较强的商品，会带来需求量大幅度的增加

10. 一个完善的网上营销渠道应具备三大功能，分别是（　　）。

A. 维护企业声誉和形象功能　　B. 支付结算功能

C. 物流配送功能　　D. 订货交易功能

11. 下列选项中，属于网络营销渠道选择因素的有（　　）。

A. 产品因素　　B. 市场因素
C. 中间商因素　　D. 市场环境因素

12. 下列选项中，不属于网络营销渠道市场因素的有（　　）。
A. 企业的生产经营规模　　B. 需求的季节性
C. 客户集中程度　　D. 中间商开拓市场的能力

13. 下列选项中，属于网络直接营销渠道缺点的有（　　）。
A. 整个交易系统的技术水平与飞速发展的计算机网络技术难以保持同步
B. 互联网确实使企业有可能直接面对所有顾客，只有那些真正有特色的网站才会有大量的访问者
C. 互联网给企业带来的更为现实的问题是“赢者通吃”
D. 信息资料的充实有待于更多的企业、商家和消费者参与

14. 网络促销与传统促销的区别体现在（　　）。
A. 时空观念的变化　　B. 信息沟通方式的变化
C. 消费群体和消费行为的变化　　D. 对网络促销的新理解

15. 信息流广告的优势包括（　　）。
A. 用户精准　　B. 用户体验好
C. 传播范围广　　D. 形式丰富

16. 在策划网络广告时，应该（　　）。
A. 确定网络广告的目标　　B. 明确网络广告受众
C. 制定网络广告的费用预算　　D. 精准定向目标用户

17. 企业在投放搜索引擎广告时，应该（　　）。
A. 提高关键词质量　　B. 推广地域及推广时间
C. 关键词标题及创意　　D. 关键词出价

18. 价格折扣包括（　　）。
A. 数量折扣　　B. 功能折扣
C. 现金折扣　　D. 季节折扣

19. 下列选项中，属于公共关系营销方式的有（　　）。
A. 企业网站宣传　　B. 网上新闻发布
C. 发送电子推销信　　D. 参加或主持网上论坛

（三）简答题

1. 常用的新产品开发策略有哪些？

2. 网络营销定价目标主要包括哪些？

3. 简述影响网络营销渠道选择的因素。

4. 简述信息流广告的制作投放流程。

5. 网上销售促进的形式主要有哪些？

二、技能提升

1. 有哪些可供选择的网络产品组合策略？

2. 可供选择的网络营销定价策略有哪些？

3. 如何搭建网络营销渠道？

4. 网络促销与传统促销的区别体现在哪些方面？

5. 搜索引擎广告有哪些特点？

三、思考讨论

1. 从产品、价格、渠道、促销方面分析“三顿半”咖啡采取的网络营销策略。

2. 运用网络营销策划知识，为当地特色农产品制定网络营销策划方案。